江浙藏書家史略

江浙藏書家史略

著　　者：吳　　　　辰　　　　伯
出 版 者：文　史　哲　出　版　社
http:// www.lapen.com.tw
e-mail：lapen@ms74.hinet.net
登記證字號：行政院新聞局版臺業字五三三七號
發 行 人：彭　　　　正　　　　雄
發 行 所：文　史　哲　出　版　社
印 刷 者：文　史　哲　出　版　社
臺北市羅斯福路一段七十二巷四號
郵政劃撥帳號：一六一八〇一七五
電話886-2-23511028 · 傳真886-2-23965656

定價新臺幣三二〇元

中華民國七十一年（1982）五月初版
中華民國一〇二年（2013）五月 BOD 再版

ISBN 978-957-547-551-2　　02013

出版説明

《江浙藏書家史略》，包括《兩浙藏書家史略》和《江蘇藏書家史略》兩部分，是吴辰伯先生早年就學於清華大學時編撰的。前者發表於民國二一年《清華週刊》第三十七卷第九、十兩期文史專號，署名辰伯；後者發表於民國二二年《圖書館學季刊》第八卷第一期，原題作《江蘇藏書家小史》，署名辰伯。

江浙兩地，是我國藏書家集中的地方，在我國藏書史上佔有重要地位。不少藏書家，同時又是目録學、校勘學專家，所以此書對於文史古籍研究工作者、圖書館工作者，乃至一般愛好文史的讀者，都具有一定的參攷價值。

《兩浙藏書家史略》共收藏書家三百九十九人；《江蘇藏書家史略》共收藏書家四百九十人（自序稱五百人，蓋取整數）。這些傳記，大都輯自方志、墓誌及有關藏書和藏書家的專門著述。這兩部書又都具有工具書性質，所收藏書家人名按筆畫順序排列，便于檢索。此外，所輯録的傳記資料又都注明出處，爲研究者提供了基本資料和綫索。

這次出版，卽照最初發表時的樣子排印，只是將兩文併作一書，統名爲《江浙藏書家史略》。

我們除改正了文中若干錯誤和錯字外，還在目録和正文中標出了筆畫順序，並將原來兩書的目録併在一起，放在最前面，以便檢查。

文史哲出版社編輯部
民國七十一年四月

目録

兩浙藏書家史略

序言

二畫

四畫

五畫

六畫

七畫

八畫

九畫

十畫

十一畫

十二畫

十三畫

十六畫

十七畫

十八畫

十九畫

二十畫

二十二畫

江蘇藏書家史略

五畫

六畫

七畫

八畫

九畫

十畫

十一畫

十二畫

十三畫

十四畫

十五畫

十六畫

十七畫

二十二畫

兩浙藏書家史略

序言

隋牛弘謂自古典籍興廢，仲尼之後，凡有五厄：大約謂秦火爲一厄；王莽之亂爲一厄；漢末爲一厄；永嘉南渡爲一厄；周師入郢爲一厄。① 隋開皇之盛極矣，未幾皆燼於廣陵。唐開元之盛極矣，俄頃悉灰於安史；肅代二宗，洊加鳩集，黄巢之亂，復致蕩然。宋代圖史，一盛於慶曆，再盛於宣和，而女真之禍成矣；三盛於淳熙，四盛於嘉定，而蒙古之師至矣。胡氏統計之爲十厄，蓋謂大業一也，天寶二也，廣明三也，靖康四也，紹定五也。② 大抵政府收藏，多隨政治局面之隆替而興廢，且其採掇，僅憑官司，無論精校丹黄，即鑒別真贋，品評得失，亦絶不可得。甚或深幽复閣，徒飽蠹魚，日蝕月消，終歸湮滅。其不爲學者所重也固宜。

自板刻興而私人藏書乃盛，其中風流儒雅，代有聞人，宿史枕經，篤成絶學。甚或連楹充棟，富誇琳瑯，部次標籤，搜窮二酉，導源溯流，蔚成目録之學。其有裨於時代文化，鄉邦徵獻，士夫學者之博古篤學者全大且鉅。

胡少室（應麟）論藏書家有二等，謂：「列架連窗，牙標錦軸，務爲觀美，觸手如新，好事家類也。枕席經史，沈湎青箱，卻掃閉關，蠹魚歲月，賞鑒家類也。」而斥耑收宋本者爲雅尚，不得謂爲藏書。③洪北江（亮吉）廣其意，別藏書爲考訂、校讐、收藏、賞鑒、掠販諸家。謂：「藏書家有數等，錢少詹大昕、戴吉士震爲考訂家；盧學士文弨、翁閣學方綱爲校讐家；鄞縣范氏天一閣、錢塘吳氏瓶花齋、崑山徐氏傳是樓爲收藏家；吳門黃主事丕烈、鄔鎮鮑處士廷博爲賞鑒家；吳門書估錢景開、陶五柳，湖南書估施漢英，爲掠販家。」④葉煥彬（德輝）糾之，謂：「考訂校讐，是一是二，而可統名之著述家。若專以刻書爲事，則當云校勘家。」⑤其見甚卓。

然其弊也在於自私，在於保管之不得當，在於一般民衆之無識。有儲書貽後而責以鬻及借人爲不孝者，有深藏秘閣寧飽書蟲靳不借閱者，或則一遭兵火，便歸浩劫；或則子孫不肖，勿克負荷；或則覆瓿作薪，夷然不惜。用是藏書積世，便爲美談；守視得宜，都成佳話。究之千百年來其能積書篤學，繩繩繼繼者幾于絕無僅有。

晚近歐風東漸，各城市漸有圖書館之設，採集古今載籍，付之公開閱覽，其用意至美至善。且其建築大多先事預防，盡力於火災及潮濕致腐之設備。其規模組織率較私人爲宏大，其管理編列率較私人爲精密。兩者相律，私人藏書在將來之必歸淘汰也無疑。

僕少嗜書，顧力弱不能多得，每讀諸先哲藏書行實，輒爲之神往。年來流浪南北，雖碌碌一無所就，而篋底所蓄書則日增，前年讀書燕大圖書館，左右逢源，屠門大嚼，輒驚喜逾望。暇中於考訂撰作之餘，日手錄諸方志、史乘、詩文集、筆記、誌狀碑帖諸有關於藏書故實者，錙積寸累，比來積稿數盈尺。間屬友人蔣山弱弟曦爲繕錄理董，以故浙產，先成兩浙藏書家史略三卷，得三百九十九人。所錄固未盡備，尚有待於來日之補苴也。以地計，得

杭縣	一〇五	海寧	三八	富陽	一	餘杭	一	臨安	一
於潛	一	新登	一	昌化	一	嘉興	二一	嘉善	五
海鹽	二二	崇德	三	平湖	一三	桐鄉	九	吴興	二四
長興	三	德清	一	武康	二	孝豐	一	安吉	二
鄞縣	二七	慈谿	五	鎮海	二	象山	一	紹興	二七
蕭山	九	諸暨	二	餘姚	九	上虞	五	新昌	三
臨海	四	黃岩	三	溫嶺	一	衢縣	三	龍游	三
常山	二	金華	三	蘭谿	七	東陽	四	義烏	四
永康	一	浦江	六	永嘉	二	麗水	二	縉雲	二
慶元	二	瑞安	三	平陽	二				

杭縣海寧、紹興、鄞縣、海鹽、吳興、嘉興最多，餘姚、桐鄉、蕭山、蘭谿、嘉善、慈谿、平湖、浦江次之，他縣又次之。以時代計，得

晉　二人

南朝　梁　二人

南北宋　三三人

元　十五人

明　八十人

清　二百六十七人

恰隨時代之進展而增加其數量，至胡元則以國祚較短，復不重文，故反呈退縮之象也。

凡所抄録初意盡舉原文，繼以篇幅太繁，盡棄去，僅録其有關藏書故實者。然仍累累十數萬言，懼非週刊所許，因再棄去，剪裁得三數萬言，排列悉依姓氏繁簡，以便檢閱，且得究其淵源授受之由。所録原書，具徵卷帙，原文有關其人之性情、思想、學術、著作及其書齋藏書印文者亦間迻録，以資參証。惟讀書不多，臨事又草率，荒謬舛陋，在所不免。然終於忙迫中編撰成帙，亦冀以稍資整理舊籍及有心鄉邦文獻者之一助，且以際此新陳交替之候，爲過去藏書家留一鴻爪而已。倘得少閒，當統彙舊文，以時代編次，以贖前失。尚望海內方家有以正之、諒之。

民國二二年四月二十二日辰伯識

①陸子淵別集統論
②少室山房筆叢經籍會通一
③經籍會通四
④北江詩話
⑤書林清話九

二畫

丁　申　原名壬，字竹舟，清錢塘人。少篤學，薄仕進，慨然以斯世爲己任。咸豐十一年冬，太平軍再陷省城，跳身免。拾文瀾閣書於煨燼瓦礫中，得萬餘册。城復，權儲府學。其後巡撫譚鐘麟奏請重建文瀾閣，申與弟丙出藏書繕補殘闕藏尊經閣中，以復舊觀。事聞，賞中四品頂戴，諭旨有嘉惠士林之褒。杭州府志卷百四十三

丁　丙(1832—1899)　字嘉魚，別字松生，晚號松存，清錢塘人。幼沈毅好學。咸豐十一年冬，省城再陷于太平軍，跳身免，伏留拾文瀾閣書庋郡庠尊經閣。光緒初，文瀾閣成，挈還守藏吏鈔補校訂以還四部八萬之書。巡撫譚鐘麟疏陳其事，歷邀褒獎。祖掌六公有八千卷樓，丙復益以二樓曰後八千卷樓，小八千卷樓，總名藏書之所曰嘉惠堂。收藏幾二十萬卷。光緒末

葉，歸安陸氏皕宋樓精本與守先閣所藏明刻本，日本以六萬金並金石拓本捆載以去，是時端方（匋齋）督兩江，聞丁氏書將散，思其爲平原之續，亟屬繆筱珊至武林訪之，盡輦之白下，開江南圖書館以惠學者。所刻書與自著書甚夥，樂善録、善本書室藏書志，丙卒後，其子立中刊行之。杭州府志、藏書紀事詩

丁　杰（1738—1807）　字升衢，號小山，又號小疋，歸安人。乾隆辛丑進士，官寧波府學教授。在都十年，聚書至數千卷，手寫者十二三。爲學長于校讎，得一書必審定句讀，博稽他本同異，用小紙反覆細書，每竟一編，校籤細字壓黏倍其原書。翁方綱丁小疋傳、許宗彥丁教授傳

丁　敬（1695—1765）　字敬身，號純丁，自稱龍泓山人，清杭州人。鄰保皆野人，釀麴蘗自給，身厠傭販，未嘗自異。顧好金石之文，窮岩絶壁，披荆棘，剥落蘚，手自摹榻，証以志傳，著武林金石録。分隸皆入古，而于篆尤篤嗜，嘯堂集古、吾邱學古兼入其室。非性命之契，不能得其一字也。秦漢銅器，宋元名跡入手卽辨。性耽羣籍，家貧不能出重貲購買，門攤市集，眼光所注，無留良焉。小樓三楹，屆屣滿室，叢殘不復整理，皆異册也。杭世駿道古堂文集卷三十三隱君丁敬傳

丁　樸　字敦甫，清歸安人。藏書之富，時推月河丁氏。樸以湖俗惑於風水多拘忌，因證古籍，

力辨其非。著有風水祛惑。湖州府志卷七十六

丁立誠　字修甫，申子。光緒元年舉人，官內閣中書。幼穎悟，家有藏書，目錄之學如瀉瓶水，而尤致力于詩。杭州府志卷百四十三

丁桂芳　字筠溪，晚號知白居士，清嘉善人。貢生。肆力於古，所居素園，有林泉之勝，構讀書樓，圖書碑版，積累充棟，著有方谷詩鈔二十卷。嘉興府志卷五十五

晗案兩浙輶軒續錄二有「丁桂芬字雲士，號筠涘，嘉善人，貢生。居城南素園，建讀書樓，著方谷詩鈔」。所載事蹟全同，而名字互異。府志採摭當地文獻，當不致誤，疑輶軒續錄傳寫之訛，或桂芳後更名桂芬也。

丁維時　字馭青，清嘉善人。諸生。輯雅堂詩話卷上：「馭青藏書萬卷，丹黃不去手，頗似吳兔牀陳仲魚一輩人。書畫篆刻亦絕工雅，惜不多見。」所著有拙漁詩存。

四畫

孔休源（　　—530）字慶緒，南朝梁山陰人。官至金紫光祿大夫，謚貞子。休源風範強正，明練政體，常以天下爲己任。聚書七千卷，手自校練，凡奏議彈文勒成十五卷。紹興府志四四

文　瑩　僧，字道溫，宋錢唐人。工詩，喜藏書，尤留心當世之務。收古今文章著述最多。自國

初至熙甯間，得文集二百餘家。著有玉壺清話。藏書紀事詩六

方九敍　字承天，明錢唐人。少慕于古，冀託不朽。長與海內諸名家唱和，甚有稱。釋褐除兵部主事，守山海關。明習邊務，將卒憚服。葺倉貯穀，散種食于民，不徵息。多購羣書，勤爲士子講析。比行，羣下泣送載路。官至承天太守。天性毅直，屢忤鉅璫。罷歸益討故業，聚書至數萬卷。所著有方承天遺稿武林藏書録卷中

方成珪　字國憲，號雪齋，瑞安人。嘉慶戊辰進士，官寧波教授。成珪研精小學，勤于校讐，官奉所入，悉以購書，儲藏數萬卷，丹黃殆遍。嘗謂古韻書之存者，莫善于集韻，因據宋本及近時段玉裁、嚴杰、汪遠孫、陳慶鏞校正曹刻之誤，復以方言、説文、廣雅、經典釋文、玉篇、廣韻諸書正宋槧及景祐元修之誤，爲集韻攷五十卷。吴縣吴鍾駿及定海黃式三敍其書，推爲深雅精博。又以晉干寶易注亡于北宋，因攟摭佚文，詳爲疏釋，爲干氏易注疏証一卷。又謂流俗字書承譌襲謬，惟元李元仲字鑑，述古準今，斟酌悉當，因詳加考釋，爲字鑑校注五卷。其他著述有韓集箋正十卷，正宋廖瑩中世綵堂本韓愈集注之誤。著瑶齋詩鈔。兩浙輶軒續録二五

方國泰　字爻二，號警齋，清金華人。舊雨録：「警齋詩宗漢魏，兼工樂府。好聚書，乾隆中毀于火，復棄産購之，今我樓藏書尚贏萬卷。」著有我樓詩稿，我樓樂府。兩浙輶軒續録二

十五

毛奇齡(1623—1716) 嘗記某説部云:「毛西河夫人絶獷悍,西河藏宋元版書甚夥,摩挲不忍釋手,夫人病焉,謂此老不恤米鹽生計而般弄此花花緑緑者胡爲也?一日西河出,竟付之一炬。」況周儀蕙風簃二筆卷一

王 羽 字儀之,錢唐人。洪武辛未進士,歷官禮部儀制同郎中,陞太常少卿。乞歸,改餘杭教授。爲人端重簡静,文章悉根義理。家富藏書,鑒別最精。武林藏書録卷中

王 晫(1637—) 初名棐,字丹麓,仁和人。諸生。性好博覽,聚所藏經子史集數萬卷于霞舉堂縱觀之。每讀一書,必首尾貫穿始放去。其所論著,終始條貫斐然,成一家言。所著有遂生集十二卷、今世説八卷、霞舉堂集三十五卷、雜著十種十卷、牆東草堂詞,刻有檀几叢書五十卷。清史列傳七十

王 鉽(1659—1684) 字聲遠,蕭山人。性耽書,曾輯左、國以下,傍及子史與諸家集,未竟而卒。妻汪慨然謂「遺金滿籯,曷若傳一經以成父志!乃命孤洪源陸續積書,遇有秘本卽購之,合得數萬卷。藏之一樓。從來東江書府極推范氏天一閣及山陰祁氏東書堂,而今皆散盡。惟蕭山王氏書巍然獨存。西河全集墓誌銘卷十三孝子聲遠王君暨節婦汪孺人合葬墓誌銘

王 綱 字秦望,清海鹽人。庠生。敦品力學,藏書數萬卷,多手訂校正。從游甚衆。積修脯

增置祭産，與兄純更迭唱和，娓娓不倦。著有覲卿記四卷，秦望詩稿若干卷。海鹽縣志

王　濤　字一清，明縉雲人。博學端行，家藏萬卷，號墨莊，著有愚泉集。縉雲縣志卷八

王　濟　字伯雨，明烏程人。所居有長吟閣，寶峴樓，圖史鼎彝，奪目充棟。所著有宮詞善說，今詞歸，古意。浙江通志百七十九

王元地　字坤爲，號西朋，清海寧人。歲貢生。其學根柢經史，尤熟于諸子百家。家貧無力購書，手自繕録，不下五六百種，丹黄校勘，至耄年不倦。著有說經連珠，讀史隨筆各若干卷。又分韻裒輯藝苑瓊林正續二編，共一百册。網羅宏富，人艷稱焉。海寧州志稿文苑傳

王文禄　字世廉，明海鹽人。少舉鄉薦，性嗜書，遇有異書輒傾囊購之。得必手校。縹緗萬軸，貯一樓。俄失火，大呼曰：「但力救書者賞，他不必也。」著有藏草，邱陵學山，邑文獻志。嘉興府志卷五十七

王永倓（1669—1749）　字友功，號帆川，紹興人。弱冠補博士弟子員，官安陽縣尉。家有藏書數萬卷，閉門却掃，窮晝夜而綜羣籍之精蘊，發爲文辭，雄麗典瞻，時驚其座人，卽邑中先達素號能文者，亦莫不以爲後起之雋，莫君若也。顧久困場屋，南北凡十一試，屢薦而不售。遂襆被負書，遨游燕晉楚粤江淮間，足跡幾徧海内。所過山川都邑有蹟可尋，登臨倡和之所及者，悉於詩文發之。以自寫其性情，無一毫抑鬱之氣。所著有帆川文集二卷，詩集八卷，類集十二

十卷，綱目摘注二卷，雜録十卷藏于家。生香書屋文集卷一王帆川家傳

王甲榮(1850—1930)　字部畇，一字步雲，號次逸，晚號冰鏡老人，嘉興人。光緒己丑舉人，官廣西富川縣知縣。庚子遭拳匪亂，京師破，走滄州，書籍三萬餘卷及手稿一篋盡毀於兵燹。所著有猺狪獞苗述略一卷，古今醫術最録四卷，二欣室文集二卷，二欣室詩集八卷，二欣室詩録一卷，二欣室楹聯偶存一卷。(以上爲已寫定者)行政記略二卷，二欣室記事珠一卷，庚子京畿聞見録二卷，二欣室隨筆若干卷。(以上尚待釐正者)二欣室駢文集若干卷，庚子前詩詞稿若干卷。(以上爲已佚者)王甲榮年譜

王光經　字景濟，永嘉人。萬歷丁未二甲進士第一，授禮部主事，册封淮府，轉刑部郎，後遷廣東嶺南道副使，卒於官。平生無他玩好，止藏書萬卷，手不廢卷，常曰：「士丈夫一日不讀書，則性情疏散，義理荒錯，致君將凴何術？」時以爲名言。温州府志卷二十八

王昌世　字昭甫，元初慶元人。于名理經制治道之體統，古今禮典之因革，殊聞異見，靡不究悉。蓄書萬餘卷，燬于火。露鈔雪纂，至忘寢食，書以復完。浙江通志百七十五

王宗炎(1755—1826)　字以除，號穀塍，晚號晚聞居士，蕭山人。乾隆庚子進士。穀塍學問淹博，性尤淡退，家有中人産，僅足温飽。既通籍，遂杜門不出，築十萬卷樓，以文史自娱。著有晚聞居士遺集九卷。兩浙輶軒續録十三

王國陛　字德載，東陽人。康熙庚子舉人。性肫篤純孝，懼疏定省，一上公車不第，不復出。母卒作述哀詩七章以志感慕。父耄年寢息與俱，如影附形，一時傳述。金華詩録卷五十一性嗜書，收藏甚富。著有學耨堂書目，學耨堂草。東陽縣志經籍志

王逢聖　字子麟，明黃岩人。例貢生。官鴻臚寺序班。性嗜書史，牙籤萬軸。黃岩縣志十五

王望霖　字濟倉，號石友，清嘉慶時上虞人。由太學生入貲授中書。少聰潁，博涉羣書，尤好吟詠。性喜翰墨，工書法，間寫蘭竹有奇趣，藏書數萬卷。善鑒名人墨蹟，擇尤精者鈎摹鐫石，號天香樓藏帖。年六十四卒。子振綱輯其遺稿四卷藏於家。上虞縣志卷十二

王紹蘭　字南陔，清蕭山人。沈豫補今言：「蕭邑藏書之富，穀塍王經師家築十萬卷樓，陸氏寓賞樓，陳氏湖海樓。此外如王中丞南陔，汪吏部蘇潭，俱大族，皆充棟盈車，不假南面百城。至讐校精工，分析真僞，汪王諸君皆精鄭孔小學，非炫飾斯文，徒誇排比者可擬也。」

王朝志　字寧寰，明山陰人。諸生。幼穎異，日記數千言，老而靡倦。手録經史諸子百家書積十六笥，出其門者成名甚衆。所著有五經要論，敬齋心録，敬齋文集十卷，玉山集十卷。紹興府志卷五十三

王德溥　字容大，號澹和，清錢唐諸生。事親至孝，營幽竁十歷寒暑，陸筱飲飛爲畫種松圖以寄哀。先是其父鈞字馭陶，耄年歸里，闢養素園以娛老。樹石池館之勝，甲于里中。澹和喜聚

書，又築寶日軒爲藏弆之所，秘册古槧，充牣其中。嘗輯北郭詩鈔，未成而卒。杭郡詩輯

王壽徵　原名斯恩，字虎生，清錢唐優貢。官廣東從化知縣。覃思四部之學，藏書尤多。其精本細書校勘，幾徧卷內。字體秀勁。兩浙輶軒續錄

王應玘　字剡公，明鄞縣人。性忠孝戇直。初爲諸生，客同里張煌言軍，署巢縣知縣七日。及煌言死，慟哭入山爲僧。後師天童晢公，名元月，亦曰等月，字印千。本師歿，擲其衣鉢歸，築室獨居，中奉先人，旁列圖史，日訪求異書，纂錄無暇晷。入夜一燈熒然，光射水際，彈琴弄笛，度一曲，舟過其下，疑若神仙，不知其甚於哭也。詩逼漢魏，書畫絕工。士大夫兼金求之不與，每爲村人取去，有人盡給宗人之貧乏者。又以朋友爲性命，始難于合，合則終身不舍。卒年八十。鄞縣志四十

五畫

左　峴　字襄南，一字我庵，浙江鄞縣人。康熙九年進士，官至廣東提學道。峴嗜經學，其宋元鈔本自校者一百數十種，世傳崑山徐氏通志堂所雕，皆峴架中物也。嘗作玉壘記，謂威州與灌縣皆有是山，蜀都賦所云者今威州之玉壘，乃湔水所出。太平寰宇記以爲在茂汶間者也。若唐書地理志在導江者，今灌縣之玉壘，杜工部赴青城寄杜回詩所云題書心亂者是也。其考

據精核類此。鄞縣志四十

包梩芳　字子柳，明嘉興人。喜書，聞有異本，卽僻巷環堵，必徒步相訪。得之，則分命左右傳寫，手自摘録，垂丙夜不休。客至，散帙縱横几案，幾無所布席，而了不爲異。玉劍尊聞

史守之　字子仁，宋鄞縣人。以承事郎監平江府糧料院。從楊簡、袁燮遊，心非其叔彌遠所爲。主管紹興府千秋鴻禧觀，以朝奉大夫致仕。中年避勢遠嫌，退居月湖之松島。著升聞以寓規諫，詔書累起之，力辭不出。杜門講學，又學古文于樓鑰。不與時諧，以道自任，彌遠甚畏之。每有所爲，輒戒其家弗使十二郎知。甯宗御書碧沚二字賜之。守之嘗自署九六子，牙籤最富。吳中舊書家有舊學史氏及碧沚印者皆其遺書也。鄞縣志三十

石公弼　初名公輔，字國佐，宋會稽新昌人。元祐六年進士，官至兵部尚書。「越藏書有三家：曰左丞陸氏、尚書石氏、進士諸葛氏，而石氏當尚書無恙時，書無一不有。又嘗纂集前古器爲圖記，亦無一不具。其後頗勿克守，而從子大理正邦圻①盡以金求得之，於是爲博古堂。博古之所有衆矣，其冥搜遠取，抑終身不厭者，後復散出。而諸孫提轄文恩院繼曾稍加訪尋，間亦獲焉。」嘉泰會稽志卷十六

①按陸游渭南文集石公墓誌銘作石邦哲。

石邦哲　字照明，宋會稽人。官福建參議。築堂名博古，藏書二萬卷。每撫其子繼曾而歎曰：

「吾是書以遺爾，無恨矣！」陸游：石公墓誌銘
按嘉泰會稽志卷十六藏書門作石邦哲。

六畫

全祖望 (1705—1755)字紹衣，號謝山，鄞縣人。乾隆丙辰進士。性好聚書，弱冠時登范氏天一閣，謝氏天賜閣，陳氏雲在樓，遇希有之書輙借鈔閱。鲒埼亭集雙韭山房藏書記：「予家自先侍郎公藏書大半抄之城西豐氏，其直永陵講筵賜書亦多，所稱阿育王山房藏本者也。侍郎身後歸於宗人公之手，以其爲長子也。先和州公僅得十之一，宗人子孫盡以遺書爲故紙，權其斤兩而賣之，無一存者。先宮詹平淡齋亦多書，諸孫各分而有之，遂難復集。和州春雲軒之書，一傳爲應山公，再傳爲先曾王父兄弟，日積月累，幾復阿育王山房之舊，而國難作，里第爲營將所踞，見有巨庫，以爲貨也，發視之皆書；大怒，付之一炬。先贈公授徒山中，稍稍以束脩之入購書。其力未能購者，或手抄之。先君偕仲父即以抄書作字課。已而予能舉楮墨，先君亦課以抄書。吾鄉諸世家遭亂，書籤無不散亡。吾家以三世研田之力，復擁五萬卷之儲胥，其亦幸矣。雙韭山房者亦先侍郎之別業，在大雷諸峯中，今已摧燬；而先贈公取以顔其齋者也。」所著有鲒埼亭詩文集。

江元祚　字邦玉，明錢唐人。隱居不仕，築草堂于四溪之横山堂之上，爲擁書樓，廣儲圖史。嘯傲其中，讀書自得。崇禎十年夏五月嘉定馬巽甫調元訪之，爲作横山擁書樓記云：「自横山草堂盤曲而上，即堂爲樓，眉題擁書，果覩萬卷。或傳前朝，或頒内府，髹榻再尋，棐几稱是。左史右經，殆將連屋。發爲文章，宜有此構。推窗遠眺全碧，千峰若圍，隱見樹抄。邦玉因言吾年三十八即高揖博士，不願備弟子員，將盡讀樓中書以自樂。因略出先世所藏及生平所購，多余所未見古本。又出一時四方名人高士往來贈答詩篇及文章圖畫，竟日不能盡。後乃示余自所爲文，俱有超然自得之妙。」武林藏書録卷中

朱至　字屨伯，清海寧人。弱冠從奉莪仲魚兩陳子受經，習漢唐諸儒故訓。多購異書，留意金石文字。歌詩樂府，駿偉踔厲，婉而多風，彷彿抱遺老人。著壺口山人詩，庚庚石室近稿。兩浙輶軒續録十四

朱鉽　字君賞，清鄞縣人。家世多儲藏書，其所謂五岳軒者，圖書法物甲於天下。吴中好事家簿目有云，是物藏甬上朱氏者不可屈指。君賞清俊閑雅，車騎甚都。尤喜按食經欵客。遭喪亂，棄諸生，焚香灌花，蕭然人外。其鑑别古玩，半面了然。尤具神眼，擬之前宋遺民，則固草窗一輩也。初避地于黄公林，尋訪故居，遭大火盡喪其所有。怏怏失志，家亦中落。而一琴一硯，必無下品，一茗一粥，别有清思。歷年八十，如一日也。兩浙輶軒録卷三

朱　澂　字子清，修伯子。咸豐時以道員需次江甯。好聚書，其先家藏甚富，又裒益之，精本充牣，有結一廬書目。庚寅病歿，遺書八十櫃，聞盡歸張幼樵副憲。藏書紀事詩

朱　樟　字亦純，號鹿田，又號慕樵，晚號灌畦叟，錢唐人，康熙己卯舉人，擢部郎，出守澤州。少從毛西河遊，頗爲所賞。家有日及園，藏書甚富。征車所至，必載書以行。涉勝地，弔遺蹟，務窮考索，而宣之于詩。歸田後，徜徉湖山之勝，年八十卒。武林藏書録卷下

朱壬林　（1780—1859）原名霞，字禮卿，號小雲，平湖人。嘉慶辛未進士，官至山西道監察御史。喜聚書，然非濫于搜羅。故積書至五楹，所録皆謹嚴有法。常慨湖州先達遺文散佚，與邑中名士如顧廣譽、葉廉鍔、賈敦艮、陸濆輩遠紹旁搜，得文百餘家，録五百餘首，彙如一編，名曰當湖文繫。邑經兵燹，什一千百賴以長存焉。所著有小雲廬詩稿刪存五卷、晚學文稿八卷、當湖朋舊遺詩十卷、小萬卷樓書目三册。平湖縣志卷十六、二十三

朱世杰　字秀岩，錢唐人。道光乙酉副貢，官湖北竹山和縣。好聚書，刦後，錢唐丁氏得其殘帙，皆善本。兩浙輶軒續録

朱長庚　字與白，浙江諸暨人。萬曆己酉舉人，官桃源令，調含山，以耿介忤當道罷歸。隱居巢山之嘯客堂，藏書甚富，類多手評。紹興府志卷五十三

朱昌燕　字芩年，號衎廬，清海寧人。歲貢生，援例授訓導。資性頴異，博覽羣籍，專精掌故。性

嗜著書，所居朝經暮史晝子夜集之樓，庋藏甚富。光緒甲午丁未之際，掌教東山書院。尤喜獎掖後進，五百里內，高才生掇巍科而去者多出其門下。戊戌江寧李圭來牧海寧，聘修州志，與蔣學堅分任纂修之職。不二年蕆事，昌燕之力爲多。没後書籍散佚。所著有説文經字攷疋証、十四經解詁、國朝漢學師承續記、國朝宋學淵源續記、國朝列女事略、國朝海昌文徵、國朝海昌人物志、國朝駢體正宗續編、海昌朱氏文輯、再續疑年録、文甲乙集、椒花後舫詩集、拜竹龕詞、我師録、楹聯偶存、峽川朱氏收藏書目。海寧州志稿文苑，傳典籍十八

朱興悌(1729—1810)　字子愷，號西崖，清浦江人。歲貢。擁書萬卷，無他嗜欲。年至八十，披吟不輟。詩歌力追古人。著撰大半燬于火，今存者有易説春秋總論、三國志筆録、金華經籍志隨筆一卷。兩浙輶軒續録十二

朱稻孫(1682—1760)　字稼翁，一字芋陂，晚號娱村，竹垞孫。晚年貧不能支，曝書亭藏書八萬卷，漸致散佚。藏書印曰潛采堂、曰南書房舊講官、曰梅會里朱氏、潛采堂藏書。有六峯閣集。鶴徵後録

朱學勤　字修伯，仁和人。咸豐癸丑進士。由庶常改户部主事，入直軍機章京，歷官宗人府丞。生平學敏才瞻，好書尤篤。當駕幸木蘭之後，怡邸散書之時，供職偶暇，日至廠肆搜獲古籍，日增月盛，編爲結一廬書目。其中宋元明槧以及精鈔凡數百種。(按葉德輝結一廬書目序，

謂朱氏藏書大多得之長洲顧氏藝海樓、仁和勞氏丹鉛精舍。）武林藏書録卷下

朱彝尊（1629—1709） 字錫鬯，號竹垞，又號驅芳，一號小長廬釣魚師，秀水人。康熙己未舉博學鴻詞。曝書亭著録自序：「先太傅賜書，乙酉兵後罕有存者。予年十七，從婦翁避地六遷，而安度先生九遷乃定居梅會里。家具率一艘，硯北蕭然，無書可讀。及游嶺表歸，閲豫章書肆，買得五箱，藏之滿一櫝，既而客永嘉，時方起明書之獄，凡涉及明季事者争相焚棄。比還，問曩所儲書則並櫝忘之矣。其後留江都者一年，始稍稍收集。遇故人項氏子稱萬卷樓殘帙，畀以二十金購之。時曹侍郎潔躬、徐尚書原一皆就余傳鈔，予所好愈篤。凡束脩之入，悉以買書。及通籍，借鈔於史館者有之，借鈔于宛平孫氏、無錫秦氏、崑山徐氏、晉江黄氏、錢唐龔氏者有之。主鄉試而南還里門，合計先後所得約三萬卷。先人之手澤或有存焉者。歸田之後，續收四萬餘卷，又上海李君贈二千五百卷。于是擁書八萬卷，足以豪矣。顧其間有借失者，有竊去者，有殘闕者，昔之所有，俄而忘之。其存者皆予觀其大略者也。予子昆田亦能讀之，杼柚之屢空，庖爨之不給，而哦誦之聲，恒徹于户外，蠹字之魚，銜薑之鼠，漫畫之鳥，不足喻其癖也。蓋將以娱吾老焉。……池南有亭曰曝書，既曝而藏諸，因著于録。録凡八卷，分八門焉：曰經，曰藝，曰史，曰志，曰子，曰集，曰類，曰説。」曝書亭集三十五 藏書印有梅會里朱氏、潛采堂藏書、七品官耳，及我生之年歲在屠維大荒落月在橘莊十四日癸酉時朱文方印、秀

水朱彝尊錫鬯氏朱文方印。藏書紀事詩

七畫

余　鉦　字式如，明西安人。天資卓犖。藏書萬卷，皆丹黃數過。終日下帷，不與外事。古文詩歌，沈鬱華瞻。輯有純師集。浙江通志百八十一

何　恪　字茂恭，宋義烏人。紹興三十年進士，官徽州録事參軍。性好古，藏書至萬卷。博覽而工於文，陳亮嘗稱其奇壯精緻，反覆開闔而卒能自闡其意。著有南湖集二十卷。應廷育輯、金華先民傳七

何元錫（1766—1829）　字夢華，錢塘人。精于簿録之學，家多舊書善本，嗜古成癖。精審金石，嘗于曲阜訪求漢碑，搜幽索險，務獲乃已。著秋神閣詩鈔。兩浙輶軒續録二四

何汝尹（1566—1636）　毛西河全集墓誌銘卷三台州教授何公墓誌銘：「字克言，又字太衡，蕭山人。由貢生授台州教授。……端性豐頎，善讀書，以經術自命。少受知于提學使蘇君，以文鳴于時。生平重然諾，好推予，排解導地，當世稱長者。子之裕、之祥與予友，之裕讀書如其父，家藏書數萬卷，而自幼食貧，曰公所貽如是。」

何喬遇　字人徒，明龍游人。博覽洽聞。家甚貧，衣食恒不給。藏書數千卷，無不貫綜涉獵。龍

游縣志卷十八

吾　衍（　—1311）　字子行，元杭州人。意氣簡傲，不爲公侯屈色。嘗自比于郭忠恕。居生花坊一小樓，樓上圖書四壁，坐對竟日無倦容。生徒從衍遊者常數十百人。宋濂爲之撰傳。按妮古録宛邱趙期頤以書名世，得之吾衍者爲多。衍所著書有尚書要略、聽元造化集九歌譜、十二月樂辭譜、重正卦氣、楚史檮杌、晉文春秋、通書援神契、説文續解、石鼓咀楚文音釋。閒中編竹素山房詩、閒居録、周秦刻石釋音、學古編。武林藏書録卷中

吾　點　字子與，清海鹽人。乾隆甲寅舉人。藏書萬餘卷，皆手自丹黃。自言十三經史漢皆熟讀，晉書以下則惟繙閱數過而已。所註杜樊川詩文集，考訂極精。晚築舍於泊櫓山西，撫松種菊，絶跡城市，人罕識其面。海鹽縣志卷十七

呂　坤　號北野，明杭州人。武林藏書録卷中：「呂園在塘棲鎮北。呂都事北野與弟鴻臚寺丞水山（按水山名需）別墅也。積石累山，規模宏敞。其藏書之所曰樾館，王伯穀篆額；曰喜聲館，陳眉公題額；曰緜慶樓，文衡山書額；曰一本堂，周天球書額。當時賓客之盛，第宅之侈，甲于杭郡。何東甫塘棲志略稱棲鎮藏書之富，推呂氏北野、卓氏入齋，可想見當時之盛矣。」

呂　撫　字安世。清新昌人。性至孝，母喪哀毀骨立，廬墓三年。幼讀父書，痛自刻勵。年十

五，補弟子員。喜藏書，與兄析產，不受廣廈腴田，獨檢集遺書以去。又自購益之，築逸亭藏其中。恣意繙閱，遂精於天文、輿地、兵法、性理、皇極之學。勤於著述，適海寧查氏獄起，因毀板焉。傳有三才圖、四大圖、廿四史通俗演義。乾隆元年舉孝廉方正。新昌縣志卷十二

呂留良(1629—1683)　原名光輪，字莊生，號用晦，又號晚村，清石門人。全祖望小山堂祁氏遺書記：「吾聞澹生堂書之初出也，其啓争端多矣。初南雷黃公講學于石門，其時用晦父子俱北面執經。已而以三千金求購澹生堂書，南雷亦以束脩之入參焉。交易既畢，用晦之使者中途竊南雷所取衛湜禮記集說、王偁東都事略以去，則用晦所授意也。」

吳　昂　字德翼，號南溪，明海鹽人。宏治十八年進士，令宜城，官至布政使，廉介自持，教民耕織。有官莊志畝稅爲民患，昂調停其法，宜城民感而祀之。積書萬卷，徧讀之。尤好周禮，以後儒亂經，參訂諸說附己見爲書，凡四易稿而成。海鹽縣志十五

吳　城　字敦復，號甌亭，鹽生，焯子。承其先業，儲藏所未備者搜求校勘數十年，丹黃不去手。武林藏書録卷下

吳　玧　字汝秀，號甘泉，明正德間長興人。少孤，穎絶倫。不習舉子業。素與伯氏共炊，饒於貲。逮析箸，盡剖膏腴與伯兄，僅取其瘠者，獨請父藏書數屋，建環山樓於董塢先墓側，鍵户二十年不下，博通典籍。尤精皇極經世之學，名動公卿，著述甚富。年七十三卒。長興縣志

吳焯　字尺鳧，號繡谷，清錢塘人。家有繡谷亭，植朱籐一本，歲月既久，花時柔條四垂如瓔珞，故以自號。喜聚書，凡宋雕元刻與舊家善本，若飢渴之于飲食，求必獲而後已。故瓶花齋藏書之名稱于天下。所著薰習録，則記所藏秘册也。著有藥圓詩稿。杭郡詩輯

吳煦　字曉帆，咸豐時杭州人。讀申韓家言，才猷敏練，倚馬可待。家有清來堂，廣儲書籍，埽劫灰之薪火，萃四部之菁華。如朱文公手注論語中之顏淵一卷，尤爲鎮屋之寶。有清來堂書目四卷，不下五千種。武林藏書録卷下

吳模　字求履，清初錢唐人。副使源之子，性至孝，割股救親。爲諸生有名，中年謝去，隱居鐵冶嶺，名小小園，聚書數萬卷，嘯詠其中。著前史實用、五倫奉持、四書五經解、大易圖書解、歷代史評、一代文評、寶田堂集。國朝杭郡詩三輯卷二

吳騫(1733—1813)　字槎客，海寧諸生。生負異稟，過目成誦。篤嗜典籍，遇善本輒傾囊購之。校勘精審，所得不下五萬卷，築拜經樓藏之。嘗得宋本咸淳臨安志九十一卷、乾道志三卷、淳祐志六卷，刻一印曰臨安志百卷人家。夙共陳鱣講訓詁之學，所爲詩文詞旨渾厚，氣韻蕭遠。晚益深造，不屑爲流俗之作，著拜經樓詩集。兩浙輶軒續録、海昌備志

吳之振(1640—1717)　字孟舉，清初石門人。以貢授中書。黃宗羲天一閣藏書記：「甲辰館語

溪，携李高氏以書求售二千餘，大略皆鈔本也。余勸吴孟舉收之。余在語溪三年，閱之殆徧。此書固他鄉寒故也。」暴書雜記記其藏書處曰黄葉村莊。著有黄葉村莊詩文集。

吴之淳　字醇和，號鱸鄉，諸生。壽暘子。亦能守遺籍，校讀不倦。海昌百年來藏書，若前步橋許氏之惇敍樓，今遺籍蕩然；胡陳村胡氏華鄂堂所藏僅有存者；獨拜經樓完好無恙，賢子孫善守之效也。海昌備志

吴之楨　字青城，孝豐人。康熙間歲貢。砥礪廉隅，胸無城府。少篤學，攻經史，藏書數千卷，悉手自校讐，鄉里推爲耆宿。孝豐縣志七卷

吴之器　字賜如，號神岳，義烏人。崇禎壬午舉人。家有抱甕園，藏書十餘楹，之器坐卧其間，流覽誦記，盥洗俱廢。著有婺書。金華徵獻略卷十二

吴太冲　字默寘，繼志子。崇禎辛未進士。選翰林庶吉士，授檢討。繼志固多藏書，至太冲鼎貴，則家益有賜書，軸帶帙籤至與山陰祁氏海虞錢氏埒。武林藏書録卷中

吴五鳳　字穉威，號竹巢，清安吉人。乾隆五十二年進士，官隆安知縣。告歸，居鄣吴山村中，閉户著述。多藏書。德清陳斌、仁和宋咸常時過訪焉。湖州志卷七十六

吴文暉　字翼萬，海鹽人。乾隆丁卯舉人。篤學敦行，積書數萬卷。以經術教授，遠近宗仰，稱大師。澉水百餘年來，人文散佚，文暉悉力搜采，文獻賴以有徵。著有燈庵詩鈔四卷、澉浦詩話

二卷、補蘿書屋日記一卷、燈庵藏書跋尾一卷。海鹽縣志十七

吳允嘉　字志上，又字石倉，清錢塘人。性孝友，雅好吟咏。爲文原本六經，旁通史漢，而章法頓挫，刻意規撫蘇歐。于經世之學尤所殫心。生平愛藏書，丹鉛點勘，晨書暝寫，凡山經地志、墓碣家乘，下逮百家小說叢殘之書，蒐討不遺餘力。晚年嗜好尤篤。有四古堂文鈔、石甑山房詩集、石倉詩稿、石倉牋奏、武林文獻志藏于家。碧溪詩話云：「石倉先生爲湖墅耆宿，嗜學好古，積數十年苦心。歿後藏書散落人間，予在汪氏振綺堂見其手鈔書可數百册，楷法醇古，毫無俗餤，望而知爲有道之士。其他散處于書賈求售者更不知凡幾。嘗輯武林耆舊集，自漢迄明，其稿在吳鷗亭處，予借錄一過，編定爲二十卷。又嘗手輯錢塘縣志補，皆魏志者所未備者。」武林藏書錄卷下

吳玉墀　字蘭陵，號小谷，又號二雨，焯子，乾隆庚寅舉人。由太平教諭，歷官貴陽府長塞同知。乾隆間詔徵遺書，玉墀進經部陸氏易解等九十餘種，史部四明它山水利便覽等二十餘種，子部東宮備覽等三十餘種，李遐叔文集、風雅逸篇、石洞遺芳三種，蒙御題說文篆韻譜、呂祖謙歷代制度詳說二種，并賜佩文韻府。著有味乳亭集。武林藏書錄卷下

吳任臣　字志伊，一字爾器，初字鴻征，號託園，仁和諸生。康熙己未薦試博學鴻詞，列二等，授檢討。好讀奇書，家貧教授里中，會兵亂，江南大姓皆竄匿，里中少年載其書入市，以一錢易

一帙，託園罄修脯以爲市，于是吳中書悉歸之。併晝夜讀之，久益淹博。所著有周禮大義、禮通、山海經廣注、字彙補、春秋正朔攷辨。又取唐季諸霸國事爲十國春秋一百四十卷，尤稱詳核。按十國春秋自訂凡例云：「五代迄今六七百年，世代久遠，正史故多遺失；而歐史載十國事，尤缺略。是編所采古今書籍無慮數百餘種，若册府元龜、太平御覽等書，悉輒薈萃成書，都爲一部。倘臆説杜撰，率爾無徵，實所未敢。」託園先生當兵燹之餘，留心經籍，生平著作等身，觀其引徵之多，即可見其收藏之富矣。武林藏書録卷下

吳兆禧　字錫侯，清初海鹽人。年二十能文章，買書萬餘卷，與姚士粦繙閲，矻矻丙夜不休。早卒，著筆記一卷。嘉興府志五十七姚士粦傳

吳春照　字子撰，號遲卿，海寧人。諸生。春照作文蕭疏淡蕩，如其爲人。既不得志于場屋，遂縱酒自娛，酒後清言，時見名理。暇則寄情繪事，旁及操琴，布算揲蓍之學。兼通岐黃，尤深于小學。精校讎，家藏數千卷，丹黃幾遍。錢唐汪氏重刊咸淳臨安志，延春照爲校勘，并校史記、漢書，惜未竟其業，以豪飲得噎疾卒。兩浙輶軒續録四

案暴書雜記：「吳春煦字子撰，兔牀先生之姪。擩染家學，讎校極精審。其兄醒園昂駒亦好古籍。」警石在海寧有年，記載當亦不致有誤。但查海寧州志稿典籍志著録有吳春照無春煦其人。未悉孰是，待考。

吴爲金　字象青，（案雪橋詩話爲金字篆青）城子。嘗從王曾祥遊，攻苦不怠，能自力于文章。善詩詞。儲書數十萬卷。所交遊贈答皆當世名士。兩浙輶軒録卷三十五

吴農祥（1632—1708）　字慶百，號星叟，一號大滌山農，太冲子。康熙十八年舉博學鴻詞。少異敏，一覽成誦。家富藏書，構寶名樓于別業之梧園貯之。與弟農復登樓而去其梯，不聞世上語，盡發所藏書讀之。學益博。與吴任臣齊名，武林呼爲二吴。農祥爲文條貫，駢散文詩賦小詞俱工，尤精于易。與毛奇齡友善，然質疑辨難不肯苟同。所著有蕭臺集二百四十卷、梧園雜著二十卷、流鉛集四十卷、詩餘二十四卷，又嘯臺讀史、綠窗讀史、錢邑志林、唐詩辨疑若干卷。方嵏如吴徵君傳，清史列傳

吴壽暘　字虞臣，騫子。騫以宋槧東坡先生集授，因自號蘇閣。取拜經樓書有題跋者手録成帙爲題跋記。海昌備志

吴繼志　字惺陽，明錢唐人。官雲南越州衞經歷。好聚書，且勤掌録，秘閣之鈔逾萬卷。武林藏書録卷中

吴爚文　字樸存，清山陰人。世居州山。藏書十餘萬卷，建一樓貯之。著有樸亭詩集。嘉慶山陰縣志

宋　震　字道亭，明蘭谿人。爲人倜儻負奇，芥視一第甚。既屢試不售，中棄去。攝古衣冠，築

別墅曰雪溪堂，聚書萬軸，卧其中，經史子集環向恣讀之。間發爲詩歌盈帙。少室山房全集九一先宜人狀

宋　濂（1310—1381）　字景濂，謚文憲，明浦江人。澹生堂藏書約：「勝國兵火之後，宋文憲公讀書青蘿山中，便已藏書萬卷。」

風希堂詩集卷四風希堂圖後歌注：「宋潛溪自金華徙居浦邑，所居曰青蘿山房，與義門鄭氏鄰。藏書最富，余嘗至其地，平岡蔓草，片瓦無存，蓋自公西徙，宅已全毁矣。」

風希堂文集卷二宋文憲公全集序：「竊惟太史公好遊，足跡徧天下，故其爲文跌蕩有奇氣。唯公不然，始自潛溪徙浦江，得鄭氏藏書八萬卷。居青蘿山中，日講明而切究之。徵召迭至，不出也。暨明興，以文章翊國運，亦不過往返金陵，千里而近。然觀太史公之善遊者，曾不稍異也。太史公紬金匱石室之藏，終身好學深思之力，以成史記。公被命脩元史，八月書成。洎重脩順帝紀，亦六日竣事，雖閒有指摘，而體大思精，二百十卷與太史之百三十卷亦無稍異也。」

宋大樽　字左彝，號茗香，仁和人。乾隆丁酉舉人，官國子監助教。王宗炎爾雅新義序：「宋山陰陸氏爾雅新義爲世所罕覯，吾邑陸君芝榮、陳君培得、仁和宋助教大樽手校本，審定鏤版。」馬定栩贈茗香助教詩云：「辛苦風塵兩載餘，攤書盡日對窗虛。棠梨暑影分明在，遥憶先生國

子廬。」嚴元照書雲煙過眼録後：「自武林歸，經唐棲里訪宋茗香，觀所藏書，中有丁泓龍先生手鈔雲煙過眼録一册。」著有學古集、牧牛村舍外集。武林藏書録卷下

宋咸熙　字德恢，號小茗，仁和人。大樽子，嘉慶丁卯舉人，官桐鄉教諭。小茗先生家學淵源，藏書甚富。思茗齋集借書詩序：「藏書家每得秘册，不輕示人，傳之子孫未盡能守；或守而鼠傷蟲蝕，往往殘缺，無怪古本日就湮没也。先君子藏書甚富，生時借鈔不吝。熙遵先志，願借于人。有博雅好古者竟持贈之，作此以示同志。詩云：「金石之物亦易澌，況兹柔翰歷多年？能鈔副本亟流播，劫火來時庶不湮。翳予老病子猶痴，過眼雲煙看幾時？濁酒一瓻何用報，先公泉下亦怡怡。」」小茗承遺訓，紹家傳，守流通古書之約，其有功于載籍者大矣。嘗輯注夏小正劇精核，耐冷譚詩話亦傳布藝林；秉鐸桐鄉時，輯有桐溪詩述，搜采甚博。著思茗齋集。武林藏書録卷下

杜　煦（1780—1850）　字春暉，號尺莊，山陰人。廩貢生。平生以名教自任，一言一動，皆可經法。焚香静居，丹黄萬卷，雖疾病弗休。其著述長于文，而自嗛于筆。詩詞早工，後亦薄之，集若干卷藏于家。卒年七十有一。續碑傳集七八宗稷辰撰杜徵君墓志銘

藏書紀事詩六：「山陰藏書家有杜煦尺齋杜春生禾子昆弟。漢建初六年大吉買山記其所搜得，即名其藏書之所曰大吉樓。」

杜丙杰　字吉甫，號菊生，尺莊之弟，嗜學早歿。著有會稽掇英集拾遺二十卷、劄記一卷、知聖教齋書目提要八卷、荊花軒詩鈔，兵燹後均散佚。兩浙輶軒續錄二十四

杜春生　字禾子，煦弟。喜鈔書，家有知聖教齋，藏善本之所也。嘗與兄煦撰越中金石志十卷，其所收善本鈐有杜氏知聖教齋藏書印。丁氏藏書志

李　光（1077—1159）　字泰發，自號讀易老人，宋上虞人。崇寧五年進士，官至參知政事，謚莊簡。揮麈錄：「葉少蘊書逾十萬卷，丁卯年俱蕩一燎，李泰發家舊有萬餘卷，亦以是歲火，豈厄會自有時邪？」至正直記：「予至上虞，聞莊簡公光無書不讀，蓄書數萬卷。子孫不肖，且粗率鄙俗，不能保守，散于鄉里之豪民家矣。讀其家訓，不覺爲之痛心也。」卒年八十三。

李　誠　清黃岩人，生平喜蓄書，撰敦說樓書目一册。家藏之書，著于目錄，分經史子集四卷，惟經史二部有評語，餘僅記其目。案敦說樓書近已散鬻他人，聞初鬻時每本書僅錢十文，購者稍多，增至三十文，甚有稿本購去，反嫌字跡模糊，覆瓿糊壁，付火者所在多有。台州經籍志

李孟傳（1126—1219）　字文授，光子。少講學有聲，而天資爽邁，無纖毫世俗之氣。性嗜書，至老不厭。藏書萬卷，悉置左右，繙閱紬繹，周而復始。每得異書，手自校勘，竟其編乃止。多識典故及前輩出處，中朝舊事，歷歷能道本末，有如目覩。所著有磐溪詩文稿五十卷、宏詞類

稿十卷、記善記異各五卷。寶慶續會稽志卷五李光傳

沈　約(441—513)　字休文，梁武康人。官至左光祿大夫侍中少傅，卒謚隱。少孤貧，篤志好學，晝夜不倦。母恐其以勞成疾，常遣減油滅火，而晝之所讀夜輒誦之，遂博通羣籍。好墳籍，聚書至二萬卷，京師莫比。著有晉書百十卷、宋書百卷、宋文章志三十卷、齊紀二十卷、高祖紀十四卷、邇言十卷、謚例十卷、文集百卷。湖州府志人物傳列傳三

沈　思　字持正，一字東老，宋熙寧時歸安東林人。家頗藏書，喜賓客。東林當錢塘往來之衝，故士大夫與游客勝士聞其好事，必過之，思亦應接不倦。嘗有布裘青巾者自稱回山人，風神超邁，與之飲終日不醉，薄暮取食餘石榴皮書詩一絕壁間，有「白酒釀來原好客，黃金散盡爲收書」句，其風雅可想而知矣。避暑錄話

沈　衡　字南岡，淸嘉善人。國子生。博覽經史，藏書甚富，類皆質物購之，家因中落。工書，兼習岐黃，尤精鑒古。游幕淮揚間，頗有聲譽。既歸，家居不與外事。治人疾多奇驗，至老猶徒步往，仍不索酬。性誠篤，廉介自持，鄉里咸稱長者。卒年七十一。嘉善縣志二三

沈廷芳(1702—1772)　字畹叔，一字荻林，號椒園，淸仁和人。由兵部侍郎楊汝穀薦擧，除庶吉士，官至河南按察使。家有隱拙齋，藏書甚富。後以崎嶇患難，藏書星散。有仁和沈廷芳字畹叔一字椒園、古柱下史、古杭忠淸里沈氏隱拙齋藏書印、購此書甚不易遺子孫弗輕棄等印。

著隱拙齋集。武林藏書錄卷下

沈啓原　字道卿，秀水人。明嘉靖己未進士，官至山東副使。饒于貲，慷慨好施，家居不入城市。嘗手一編，咿唔室內，至丙夜。雖醫藥卜筮之書，無不探討，人稱博物君子。萬歷秀水縣志好聚書，有存石草堂書目十卷。嘉興府府志經籍志

沈復燦　字霞西，清山陰人。有鳴野山房藏書，丁氏藏書志道光間書散出，精本半歸楊鼎。仰視千七百二十九鶴齋叢書序

沈嗣選　字仁舉，號果菴，明秀水人。生平破產聚書，牙籤萬軸，日吟咏其中。嘗謂自昭明而後，代各有選，而南宋缺焉。乃窮搜博覽，輯南宋文選百卷，帙繁未梓。所著有儉娛堂集、尚書論語傳康熙秀水縣志儒林傳及法宋樓書目四卷。嘉興府志經籍志

沈德壽　字藥菴，慈谿人。抱經樓書目記：「余弱冠時好古人書畫及歷朝諸家尺牘，遇有所獲，必詳其姓氏，識其真贋，采拾二十年來屬目者以數千計，所蓄既夥，非敢自詡珍藏，蓋以存前人之真跡，貽後人之鑒信也。至甲申春，余赴湖州，謁觀察陸存齋，引余登樓，悉發其所藏之書，并勸余置書。余本性喜于此，益覺怦怦。尋歸里，偏搜書肆，兼采舊藏書家，遇有不成卷帙及亡其版者，出資精鈔。迄今十有六年，不遑他事，而惟書是求。余蓋有深意焉。間嘗稽吾族家譜，粱時休文公聚書二萬卷，是時嘖嘖咸稱盛舉。自易代以來，蕩然無存。余欲

踵其盛，必如歐陽公曰：「凡物好之而有餘力，則無不致也。」余僅温飽，不能巨資購書，則惟自奉儉約，不爲無益之費，出遇異書，傾囊必購，人皆迂而笑之。余以爲夙好在此，願薄富貴而厚于書。近來搜羅將遍，古本罕見，而奔厨計三萬五千餘卷。爰著抱經樓書目記六十四卷，仿皕宋樓藏書志例，略表吾志，以示後人。願吾子孫繼繼繩繩，相承弗替，是予所厚望也。」

沈德鴻（　　—1802）　字磬谷，號秋渚，秀水人。增廣生。少嗜讀書，操觚爲文輒工。家居孝友。工詩，尤好藏書，得三萬餘卷，構介石樓貯之。法書名畫佳硯充牣其中。碑傳集卷末上秦瀛撰沈君德鴻墓表

沈閬崑　字肖岩，晚號東山外史，清歸安貢生，官上虞訓導。性喜藏書，得異本必手自校正，跋而藏之。所積舊鈔，萃其精者數千卷，丹黃燦然，至今得者寶之。有東山外史沈閬崑印、肖岩藏書之章、東山外史、肖岩沈氏珍藏書畫諸印。丁氏藏書志

沈維鐐　字西野，明平湖人。諸生。父垣守惠州卒，扶櫬歸，賻遺概不受。鬻産積書十餘棟，手自評騭，暮年辭貢不往。著有霏玉漫吟、史漢鈔。平湖縣志卷十八

沈節甫　字以安，號錦宇，烏程人。明嘉靖己未進士，官至工部侍郎。玩易樓藏書目録自序：「余性迂拙，無他嗜好，獨甚愛書。每遇貨書者，惟恐不余售，且去惟恐其不復來也。顧力不

足，不能多致，又不能得善本，往往取其直之廉者而已。即有殘闕，必手自訂補，以成完帙。」湖録，吴興藏書録

沈懋孝　字幼真，號晴峯，平湖人。明隆慶戊辰進士，授編修，遷南司業，尋以南京中式王少方係故相張居正戚，中蜚語謫兩淮運判，投牒不赴，退居淇林之上，授徒講學。晚歲産益落，庭户蕭然，擁書萬卷，日丹黄其間，寒暑不輟，故博洽近代無比。所著有滴露軒藏稿一卷、洛誦編二卷、石林蕢草二卷、四餘編二卷、賁園草四卷、水雲緒編三卷、淇林雅詠十卷。平湖縣卷十五

汪沆　字西顥，號槐塘，錢塘人，諸生。乾隆丙辰舉博學鴻詞，額溢報罷。少與王曾祥、杭世駿、符之恒、張熷稱松里五子。大學士史貽直欲薦舉經學，以母老辭。務爲有用之學，自農田水利、邊防軍政、古今沿革、方俗利病，靡不條貫。屢爲大府招致，遇事直言，咸感其誠。分修浙江通志及西湖志。所著盤西紀遊集、沽上題襟集、津門雜事詩、青囊解惑、槐塘文稿，俱已行世。論語集注剩義、湛華軒雜録、全閩採風録、蒙古氏族略、汪氏文獻録、新安紀程、識小録、泉亭瑣事、説瘧及小眠齋讀書日札等書俱未梓行。日札凡四卷，古今書五百餘種，每一書敍其撰人姓氏并序跋，略著書之大義，間參己論。觀其讀書之博，著述之富，則其藏書之多可得而知矣。武林藏書録卷下

汪　森（1653—1726）　字晉賢，桐鄉人。原安徽休寧籍，官廣西桂林府通判，調太平，遷知河南鄭州事，會丁母憂未赴官。少工韻語，與嘉興周篔、沈進相切劘，復與黃宗羲、朱鶴齡、朱彝尊、潘耒諸大師商榷，藝業益進。乃營碧巢書屋，以當吟窩，築華及堂以宴賓客，建裘抒樓以藏典籍，海內名士舟車接于遠道，詩名藉甚。嘗以粵西興圖考據難資，因博采歷代詩文軼事記録成帙。歸田後復借朱彝尊家藏書薈萃訂補，爲粵西詩載二十四卷，附詞一卷；文載七十五卷；叢語三十卷。卒年七十四。清史列傳　其藏書印曰休陽汪氏裘抒樓藏書印。皕宋樓藏書志

汪　震　字曉仙，清仁和人。博雅有素，藏書數萬卷。好金石文字，漢甎魏瓦，燦然棐几。書法晉唐，畫仿蘇米。著桐香館詩存。兩浙輶軒續録三五

汪　憲（1721—1771）　字千波，錢塘人。乾隆十年進士，官至刑部主事，遷員外郎。憲博雅好古，於經尤長于易。常謂學易期于寡過，欲過之寡，惟在知悔，悔存而凶吝漸消，可日趨于吉。因以存悔顔其齋。性好蓄書，丹鉛多善本。求售雖浮其值，不與校。家有靜寄東軒，具花木水石之勝。朱文藻常介嚴可均見憲，憲卽館之東軒，偕同志數人，日夕討論經史疑義。又悉發所藏秘籍，相與校讐。常以徐鍇說文繫傳四十卷，世罕傳本，好事者秘相傳寫，魚魯滋多，或至不可句讀。憲所得雖屬宋影鈔本，然已譌不勝乙。因參今本說文，旁考所引諸書，証其

同異，著説文繫傳考異四卷。又屬朱文藻採諸家評論繫傳之辭，及鍇兄弟軼事爲附録二卷。其書縷析舊文，徹首徹末，論者謂其有功小學。他著有易説存悔二卷、振綺堂稿，又苔譜六卷。憲卒後值四庫館開，購求遺書，憲子慎選善本經進，恩賜佩文韻府，並擇其精醇者御製題詠，仍俾珍藏，以爲好古之勸云。清史列傳七十二

汪　誠　字孔皆，號十村，璐子。乾隆甲寅舉人。官刑部江西司主事。篤志縹湘，無他嗜好。以先世未著書目，盡發所藏編分四部，詳考撰人姓名，並注明得自何本，閱歲而成。凡書三千三百餘部，計六萬五千卷有奇，雖在病中猶手自繕録。武林藏書録卷下

汪　璐（1746—1813）　字仲連，號春園，憲次子。家富藏書，擇所藏秘籍録爲題識四卷。著有松聲池館詩存四卷。武林藏書録卷下

汪文柏　字季青，號柯亭，附貢生，文桂弟。官東城兵馬司正指揮，改行人司行人，學問淵博，不亞兩兄。海內名流，皆相結納。別築古香樓收藏法書名畫，暇則焚香啜茗，摩挲不厭。詩文之外，善畫墨蘭，雅秀絶俗。宦京三年，乞身歸，與兩兄優游林下。卒年六十七。桐鄉縣志卷十五

藏書印有屐硯齋藏書印、休寧汪季青家藏書籍。拜經樓藏書題跋記

汪文桂　初名文楨，字周士，號鷗亭，清桐鄉人。由府學貢生考授內閣中書，與弟晉賢森季青文柏並負時名，世稱汪氏三子。自幼嗜學，與兩弟昕夕勖勵。弱冠失怙後，以養母不就銓選。

家故有華及堂，在桐邑城中，復築裘杼樓，聚書萬卷，校勘不輟。桐鄉縣志十五

汪曰桂　字一枝，號一之，清仁和人，貢生。道古堂集卷十九欣託齋藏書記：「汪子一之，性無他嗜，壹意于羣籍。補其遺脱，正其譌謬，儲蓄既多，鑒別尤審。余年才舞勺，卽具此癖，謂古集皆手定，人不一集，集不一名。東坡七集，欒城四集，山谷内外集，明人妄行改竄，第曰東坡、欒城、山谷集而已。朱子集多至三百餘卷，明人編定止四十卷。李綱梁谿集多至百三十餘卷，建炎進退志及時政記附焉，閩中改刻題曰李忠定集，亦止四十卷。前後互易，古人之面目失矣。宋刻兩漢書板縮而行密，字畫活脱，注有落遺，可以補入，此眞所謂宋字也，汪文盛猶得其遺意。元大德板幅廣而行疏，鍾人傑陳明卿輩稍縮小之，今人錯呼爲宋字，拘板不靈，而紙墨之神氣薄矣。甚至説文而儳入五音韻譜，通典而儳入宋人議論，夷堅志而儳入唐人事跡，與元書迥不相謀。明人之妄如此！今之挾書以求售者，動稱宋刻，不知卽宋亦有優有劣，有太學本，有漕司本，有臨安陳解元書棚本，有建安麻沙本，而坊本則尤不可更僕以數。青雲梯錦繡段皆成于臨場之學究，而刻于射利之賈豎，皆坊刻也。不謂之宋刻不可也。五十年以前，曾與吴繡谷趙勿藥兩君斷切究之，自矜以爲獨得之秘。一之卽能登吾堂而嚌吾胾，可不謂之夙有神解乎？欣託齋有山林之勝，一之讀書其中，卽藏書于其中，積卷至二十萬有奇，可謂富矣。」

汪汝瑮　字坤伯，號滌原，憲子。家富藏書，乾隆三十七年詔求遺書，以秘籍經進，御題曲洧舊聞書苑菁華二種，賜佩文韻府一部，文綺二端。有北窗吟稿。杭郡詩輯

汪如藻　字念孫，孟鋗子。乾隆乙未進士。先世裘杼樓藏書甚富，四庫館開，獻家藏書百三十七種。嘉興府志

汪孟鋗(1721—1770)　字康古，號厚石，弟仲鈖，字豐玉，號桐石，晉賢之孫。乾隆庚午同舉于鄉。家故饒，至此中落，又不事生產，遂貧。而先世裘杼樓萬卷藏書故在，蒐討其間，銳意攻詩詞。桐鄉縣志

汪師韓(1707—　)　字抒懷，號韓門，又號上湖，錢塘人。雍正癸丑進士，官編修。掌教蓮花書院。嘗請方制府撥銀委買書籍，約四百函，經史大書咸備。録書目四冊，分存備考。其上湖文編中敬竹軒記云：「舍弟自浮山歸，相與啓塵篋，檢故籍，則其爲鼠齧梅黰者十之三四，而況于姻戚之零落，時事之變更耶。於是懸籤插架，暇輒雒誦于其中，而並題曰敬竹軒。」所著有觀象居易傳牋、詩四家故訓、春秋三傳注解補正、孝經約義、語孟疏注辨異、文選理學權輿、孫文志疑、平方南雅、清暉小志、韓門綴學、詩學纂聞、坦橋脞說、談書録等書。武林藏書録卷下

汪曾學　字子義，同治時杭州人。其曹倦圃鈔本江月松風集題識中云：「辛酉冬杭城復陷，吾家藏書數十萬卷大半化爲刦灰。此冊亦缺其半，因係前明舊鈔本，姑存之。」國學圖書館第四年刊館

汪遠孫(1794—1836)　字久也，號小米。諴子。嘉慶丙午舉人。溺苦于學，盡發先世藏書讀之。購別業于水磨頭，曰借閒小築，因自號借閒漫士。家有四世藏書，振綺堂目甲于浙右。藏書分經史子集四部，部各有子目，而所考證其書之佳否眞僞及得書之緣起自注於上方甚詳，且秩然有條理。所著有詩攷補遺，國語考異發正古注，漢書地理志校勘記，借閒生詞。卒年僅四十有三。杭郡詩輯，陳奐師友淵源記，陳用光振綺堂書目序

汪輝祖(1730—1807)　字煥曾，號龍莊，蕭山人。乾隆乙未進士，官湖南寧遠知縣。縣雜猺俗，積逋而多訟。龍莊用書告民，剴切誠至，民讀之惭且感，相戒無負好官，不逾月而輸賦足額。治事廉平，律之所窮，通以經術。他邑有訟，聞移龍莊鞫之，則喜。以足疾自劾免。歸而閉户，積書數萬卷，不問外事。暇則手書一編，丹黄鉛槧，躬自校讎，以撰述課子孫。嘉慶元年詔舉孝廉方正，邑人以龍莊應，龍莊辭。爲文質而有法，詩寄興深遠，尤邃于史，留意名姓之學。讀書貴通大義，凡所論述，期實有濟于用。所著有元史本證五十卷、讀史掌録十二卷、史姓韻編六十四卷、九史同姓名略七十二卷、二十四史同姓名録一百六十卷、二十四史希姓録四卷、遼金元三史同名録四十卷、學治臆説四卷、佐治藥言二卷、龍莊四六稿二卷、紀年草一卷、獨吟草一卷、題衫集三卷、辛辛草四卷、岫雲初筆二卷、楚中雜咏四卷、汪氏追遠録八卷、

越女表徵録七卷、善俗書一卷、庸訓六卷、病榻夢痕録三卷。又有詅愁符詞章二卷，身見録家傳及序録皆不存目。其書寇亂後唯史姓韻編、學治佐治二書及病榻夢痕録有重刻本。元史本證有廣雅書局校刊本，餘稿傳本極少。兩浙輶軒録續録十一

汪繼壕　清蕭山人。家有環碧山房藏書頗富。丁氏藏書志

八畫

卓天寅　初名大丙，字火傳，號亮庵，仁和人。順治十一年副貢。有傳經堂、月波樓、杜若舟，藏書數萬卷。四方士至，皆館轂讀書其中。領袖風雅，詩宗盛唐，身名滿天下。杭州府志卷百四十五

卓爾康（1570—1641）　字去病，號農山，明仁和人，寄籍德清。萬曆壬子舉人。官祥符教諭，歷陞工部屯田司員外，罷歸。空囊壁立，日擁萬卷，進麥糜一盂而已。諸經皆有解義，著成春秋辨義四十卷。德清縣志人物傳

周　春（1729—1815）　字芚兮，號松靄，晚號黍谷居士，蓮弟。乾隆甲戌進士，官岑溪知縣。潛心著述，所居著書齋，終歲不拂除，凝塵滿室，插架環列，起臥其中者三十餘年。四部七略，靡不瀏覽，嘗得陶詩宋刻與宋刻禮書並儲一室，顏曰禮陶齋。其書秘不示人，後去禮書改顏其

室曰寶陶齋。陶詩售出，復顏其室曰夢陶齋。卒年八十六。有松靄遺書行世。有周春松靄、海寧周氏家藏、著書齋、松聲山房、子孫世昌、自謂是羲皇上人、內樂村農等印。海昌備志，黃丕烈跋湯註陶詩，楹書隅錄

周　勉　字中峽，清海鹽人。諸生。見古書輒購得之，儲藏甚富。著有求志堂集、毅庵筆記。嘉興府志卷五十七

周　蓮　字予同，號玉井，海寧人。乾隆癸酉舉人。官中書。家多藏書，偕其弟春自爲師友，皆以博學名。有玉井山樵詩鈔。杭郡詩輯

周二學　字藥坡，清仁和人。諸生。後金虞受文法，與丁敬、厲鶚、汪沆、黃琛相契，酬唱甚多。書學文徵明，尤精賞鑒。藏書稱富，擇其佳者撰一角編二卷、一粒粟賞、延素心錄各一卷。光緒杭州府志

周金振　原名秉銓，字典三，號濂谷，清海寧人。早餼於庠，好藏書，遇善本不惜重價購之。曰：「此吾所以貽後人也。」海寧州志稿卷二十九

周明輔　字孟醇，海寧人。明季諸生。潛心經術，藏書萬卷。嘗得高元禮所選唐詩正聲善本重刊之。子文爚編次香夢樓藏書目序曰：「林宗五千卷，茂先三十乘，燦爛如列宿，磊落若聯珠，學者稱之尚矣。先君子懷才抱德，落落不事家人生產。而性嗜奇好古，集遺採逸，日不暇給。

自先秦以降迄于皇明，提綱挈要之書，大略完備。經營校讎，討論闡繹，四十年如一日。每佳時令節，良朋萃止，則焚膏命酒，訂將絶之微言，振方靡之麗藻，博觀遠覽，索異問奇。或風雨連緜，閉門無侶，卽呼不肖兄弟列侍于側，壺觴徐引，縑策雜陳，探祕笈于雲閣，校奇蘊于石倉，樂此忘疲，無間寒暑。縱寵辱多驚，風波悉幻，均不入吾懷而奪此百城之貴也。憶壬午坐香夢樓指四壁圖書，語不肖兄弟曰：『秫田數頃，茅屋數椽，吾不須更爲汝衣食計，所慮目不識丁，胸無涇渭，爲士君子所棄，幸汝等資非下人，甯負汝父，弗負此璘璘千帙也。……』爰同兩弟，設榻小樓，志力相勗，游息自娱，門分類聚，中秘何須借觀，緘貯篋收，洛市不煩假閱，則皆先君子賜也。或者曰貯書貴有得耳，玉函金簡何足云。是則誠然，然倫次無章，字句訛謬，蠹蝕紛紜，糊塗滿紙，亦足使人望而棄之。且此牙籤錦軸，什襲珍藏，俱先君一生精神所在，不肖何忍廢，亦何敢廢。謹錄經史子集若干卷，方術傳記釋道諸書又若干卷，爲香夢樓藏書目序，因志其概。」海寧州志稿典籍五

周徐彩　字粹存，會稽人。康熙庚子舉人。本姓徐，祖某爲周所自出，因承周祀。性至孝，鍵户讀書，分半日治經，半日治史，旁及百家，無不淹貫。家藏多善本，毛太史奇齡、朱太史彝尊見其文歎曰：「唐宋以後一人也！」郡守俞卿聘續修府志。所著有識大録、識小録、稽山文選、北征紀略、恒言原始、越州先賢贊、理學淵源録、越諺、文章碎金若干卷。紹興府志卷五十四

周啓明　字昭回，宋金陵人，占籍處州。四舉進士皆第一。仁宗卽位，除試助教。遷秘書郎，改太常丞。啓明篤學，藏書數千卷，多手自傳寫。有古律詩賦牋啓雜文千六百餘篇。浙江通志百九十五

杭世駿(1696—1773)　字大宗，號堇浦，一號秦亭老民，仁和人。雍正甲辰進士，由浙江總督程元章薦舉，授編修。于學無所不貫，所藏書擁榻積几，不下十萬卷；枕籍其中，目睇手纂，幾忘晷夕。間過友人館舍，得異文秘册，卽端坐默識其要。著有續禮記集說、金史補、史漢北齊書疏證、續方言、詞科掌録、榕城詩話、道古堂詩文集。鶴徵後録，王瞿道古堂集序

林千之　字能一，宋平陽人。官翰林院編修。明敏博洽，工文詞，爲汪萬里所知。家藏圖書法帖甚富，覽裁精密，有雲根癡庵集。温州府志卷二十

祁承㸁　字爾光，號夷度，自號曠翁，山陰人。明萬曆甲戌進士，歷官江西右參政。治曠園于梅里，有澹生堂，其藏書之庫也。有曠亭，則遊息之所也。有東書堂，其讀書之所也。夷度精于汲古，其所鈔書，世人多未見。校勘精核，紙墨潔净。其藏書印曰山陰祁氏藏書之章、曰子孫永珍、曰曠翁手識；又有藏書銘一印，其文曰「澹生堂中儲經籍，主人手校無朝夕，讀之欣然忘飲食，典衣市書恒不給，後人但念阿翁癖，子孫益之守弗失」。又撰澹生堂藏書約以示子孫。分子目四，曰讀書訓、曰聚書訓、曰購書訓、曰鑒書訓，刻入知不足齋叢書。著有牧津澹生堂

集。藏書紀事詩卷三

静志居詩話:「參政藏書,將亂,其家悉載至雲門山寺,惟遺元明來傳奇多至八百餘部,而葉兒樂府不與焉。予猶及見之。其手録羣書目八册,今存古林曹氏寺中,所儲已盡流轉于姚江黌兒鄉矣。」

祁彪佳(1602—1645)　字幼文,承㸁子。明天啓壬戌進士,累官右僉都御史,謚忠敏。亦喜聚書,嘗以朱紅小榻數十張頓放縹碧諸函牙籤如玉,風過有聲鏗然。其所聚則不若其父之精。忠敏殉難,江南塵起幾二十年,曠園之盛,自此衰歇。今且陵夷殆盡,書卷無一存者,并池榭皆爲灌莽矣。明詩綜小傳,全祖望曠亭記

邵懿辰(1810—1861)　字位西,清仁和人。初以中書直軍機處,歷官刑部員外郎。咸豐己未,太平軍陷杭州,殉難死。居京師時,購書甚富,案頭置簡明目録一部,所見宋元舊刻本抄本手記於各書之下,撰成四庫簡明目録注二十卷。他著尚書通義、孝經通義、忱行録各若干卷橋西雜記及位西所見書目二十卷。八千卷樓書目

金　華　字宗實,明初鄞縣人。日坐斗室,寄情經史,手點書萬餘卷。浙江通志百九十二

金　檀　字星軺,清桐鄉人。諸生。好聚書,遇善本雖重價不恡。或假歸手鈔,積數十年,收藏之富甲于一邑。自訂文瑞樓書目十二卷,又校刊貝清江、程巽隱詩文集箋註,高青邱詩文集

梓行于世，皆係精槧。孫可埰字心山，工文嗜酒，而晚善畫，後病且死，書籍售出。其藏書印有文瑞樓、結社谿山兩印。光緒桐鄉縣志，士禮居藏書題跋記

金　鏻　字霈蒼，清崇德人。庠生。篤學工詩，性情高潔，不與俗客交語。嘗名所居之樓曰留雲，聚書數千卷，終日瀹茗焚香，與古人相對。手選唐詩二十卷，作者名下各系小傳一篇。又摘取古人名章俊語，彙爲一篇名曰自怡小品，共八卷。所著留雲詩稿，格律風格逼近大歷十子。石門縣志八

金士芳　字价人，號南湖，別字菊園，清山陰人。諸生。工于文詩。其父杏村先生耽吟咏，藏書之富，甲于鄉里。菊園世其家學，沈酣于經籍中。兩浙輶軒錄卷二十七

金嗣獻　字劍民，號諤軒，又號鶴仙，温嶺人。留心鄉邦文獻。有鴻遠樓，藏書頗多。金氏台州書目自序云：「先祖芾齋先生于桑梓文獻，蒐羅尤富。歲庚寅居舍不戒于火，所藏篇簡盡葬刧灰。先父闐生先生常語獻曰：『汝祖留心鄉邦故籍，不遺餘力，今皆被燬，收復之任吾于汝有厚望焉。汝其勉旃！』獻敬識于心不敢忘。失怙以來，羈絆人事，未遑及此。追思提命，十有五年于茲，咎已莫逭。況今日新學漸興，舊學不絕如縷，恐百十年後欲求前此十一之存而更不可得，獻之罪不益重耶！爰謹遵先志或購或鈔，雖殘篇斷簡，亦不惜兑以重金。間有從農家敗篋中檢出，易以布帛米粟者，東雲一鱗，西雲一爪，計得四百餘部。因思一卷一册得之非

易，凡著作者之履歷，序跋者之姓名，旁及卷册數目版刻存否，一一筆之于書。庶後之好古者，知先哲之虹光劍氣，尚在天壤間也。然較之吾祖昔日之藏，尚不及十之七八。」

金德輿　字鶴年，號雲莊，又號鄂巖，檀從孫。官刑部主事。善書，精鑒藏。楊蟠文瑞樓書目序：「金明經星軺文瑞樓書目，鈔自明經從孫鄂巖比部，爲桐華舘訂正之本。比部博雅好古，可繼明經之流風。」錢儀吉跋方蘭坻墨筍卷：「方處士時舘金比部鄂巖華及堂，今四十年矣。處士真筆日尠，卽華及之圖書彝鼎亦皆煙雲四散。」有桐華舘詩鈔。昭代名人小傳

九畫

姚　瑚　字古香，清錢塘人。與鮑廷博友善，藏書多秘籍。嘗于亂帙中得古逸民先生集，好事者争相傳録。卒年三十餘。皕宋樓藏書志

姚　澣　字公滌，明秀水人。以蔭入太學。常從虞山錢謙益、婁東張溥遊。三試不第，遂隱居。有書四十櫝，部分類聚。尤務廣搜制藝，自洪永以至啓禎，手訂先正二百名家，惜今不傳，散逸。康熙秀水縣志儒林傳

姚　翼　字翔卿，號孺參，明歸安人。官廣濟知縣。告歸，傍南城構樓數楹，貯圖書萬卷。晚年自號海屋子。有玩畫齋藏書目録。湖録，吴興藏書録

姚士粦　字叔祥，海明鹽人，庠生。與胡震亨同學，以博奧相尚。蒐羅秦漢以來遺文，撰秘册彙函跋尾，各爲考據，具有原委。南祭酒馮夢禎校刻南北諸史，多出其手。知縣樊維誠聘修邑志，多所考訂。年八十餘卒。海鹽縣志文苑傳

姚廷瓚　字述緗，號懶迂，清平湖人。性豪邁工詩。常構別墅于所居西偏，積書萬卷，蒔花灌竹，邀湖中諸名士結詩酒社。著有懶迂小稿、鴛水偶吟、耄學集、塵甑草、吟艷諸篇、鐵樵詞。平湖縣志卷十七

姚紹科　字伯道，明長興人。嗜古善詩，與盛明七子倡和。常構白雲齋臨雲閣貯漢唐以來敦彝圖史書繪於其中，三吳名士，携以賞鑑者舳艫相銜。長興縣志二十

姚際恆（1647—　）字立方，號首源，清仁和人。諸生。姚之駰好古堂書目序稱，予世父首源先生束髮受書，已能沈酣故籍，乃一生坎壈，兀兀窮年，惟手一編枯坐。先世既有藏書，乃復搜之市肆，布諸巾籍，久之而插架者與腹笥俱富矣。暇時録于簿籍，小子寫爲副墨云。末附收藏宋元版書目凡數十種。著有好古堂書目四卷、九經通論一百六十三卷；又著庸言録若干卷，雜論經史理學諸子，末附古今僞書攷，持論極嚴。

姚慰祖　字公蓼，覲元子。父子皆好藏書，刻晉石厂叢書，僅成吳興藏書録、經籍跋文、鄭氏學録、古今僞書攷四種。晉石厂者，其父在蜀得晉楊宗石闕題字攜以東歸，顏其藏書之室也。

藏書紀事詩卷三

姚覲元　字彦侍，歸安人。清道光舉人。官至廣東布政使。好聚書，所刻咫進齋叢書，有功藝林甚鉅。著有大疊山房詩草。藏書紀事詩卷三

帥　驤　字玉樹，人稱力林先生。清昌化人。諸生。篤學好古，家多藏書，晨鈔暝寫，點勘丹鉛，不遺餘力。杭州府志卷一百四十五

查慎行(1650—1727)　字悔餘，別署初白，原名嗣璉，字夏重，別署查田，海寧人。康熙癸未進士，改翰林院庶吉士，授編修。家有得樹樓，藏書甚富。有得樹樓藏書、南房史官、海寧查慎行字夏重又曰悔餘三印。著有得樹樓雜鈔、敬業堂集等書。藏書紀事詩卷四

洪　梗　字子美，鐘孫。蔭詹事府主簿，承先世之遺，縹緗積益。餘事校刊，既精且多。迄今流傳者如路史，見於天祿琳琅，稱其校印頗佳，深于嗜古。文選見于平津館鑒賞記，田叔禾序稱其得宋本重刊，校讐精緻，逾于他刻，且文雅有足稱者。武林藏書録卷中

洪　鐘　字宣之，錢唐人。明成化乙未進士，歷官刑工二部尚書，卒謚襄惠。生平好積書，其命子作有：「汝父慕清白，遺無金滿籯。望汝成大賢，惟教以一經。經書宜博學，無憚歷艱辛。才以博而堅，業由勤而精」之句。武林藏書録卷中

洪咨夔　字舜俞，號平齋，謚忠文，浙江於潛人。宋嘉泰二年進士，調饒州教授，時相惡人以科

目自致，報罷。遂從崔與之帥蜀，得書數千卷，藏于天目山之寶福寺。西天目祖山志卷三同書卷四：「聞復閣藏書一萬三千卷，宋洪忠文公咨夔藏于寶福院者。」所著有兩漢詔令三十卷、擘抄一百卷、春秋說三卷、外內制及賦詩文三十二卷、奏議三卷。

洪頤煊（1765— ）字旌賢，臨海人。嘉慶辛酉拔貢，官廣東新興知縣。解組歸，聚書四萬卷，碑帖千餘種，又鉤摹家藏歷代名人墨蹟，刊倦舫法帖八册，因自號倦舫老人。所著禮經宮室答問二卷、孔子三朝記七卷、讀書叢録二十四卷、平津館讀碑記八卷、續四卷、孝經鄭注補證一卷、尚書洪範五行紀論五卷、經典集林三十二卷、諸史攷異十八卷、漢志水道疏証五卷、鄭康成年譜一卷、台州札記十二卷、校正竹書紀年二卷、校正穆天子傳七卷、管子義証八卷、筠軒文鈔八卷、筠軒詩鈔四卷、倦舫書目九卷、倦舫叢書十二册。咸豐辛酉赭寇竄台，其已梓書版及金石書畫悉付灰燼，惟倦舫法帖尚存，然已殘闕不完矣。藏印有容甫藏、子子孫孫永爲寶、子孫寶之、小筠書印、小筠金石、小筠平生珍賞、子孫世守、洪氏小停雲山舘珍藏金石書畫碑帖磚瓦之印信、鬻及借人爲不孝、寧靜以致遠、承先遺後、臨海洪氏蘭雪軒藏書、蘭雪軒、倦舫、子孫保之、小筠考藏金石文字、玉蘭仙舘諸印。兩浙輶軒續録，台州經籍志

胡　芳　字秀實，元初平陽人。其學長于春秋，魁鄉薦，會試下第不復出。積書數萬卷自娛，晚薦入史館，授教諭。年八十餘，讀書不輟。温州府志卷二十

胡　珽（1822—1861）　字心耘，樹聲子。太常寺博士。僑居吳下，好收宋元舊本，手自校勘。有得即記，與葉廷琯爲賞奇析疑之交。庚申冬避亂滬城，辛酉四月歿于旅舍，年四十。所著有石林燕語集辨、嬾真子録集証二書，皆未刻，蒐采詳瞻，可傳之作也。其所排印琳琅秘室叢書四集三十種，宋于庭徐山民爲之序，世甚珍重。葉廷琯吹網録

胡　楨　明初錢塘人。官刑部尚書。歿之日，家無餘資，惟藏書數千卷。錢塘縣志卷十九

胡　禎　字用良，明新昌人。甘貧力學，尚志慕古，結草亭於宅外，聚古今圖籍，終日吟誦其中，不慕仕進。所著有草亭辨愚等書。新昌縣志卷十一

胡　榮　字希華，自號榖溪漁者，私謚曰文莊先生，明龍游人。從金華汪公若講學，得其旨歸。當道交薦不起。居家孝友，名動鄉里。蒐獵百家，旁通九藝，樂潛味道，超然獨立。擁書萬卷，反覆披尋，不知人世南面百城之貴也。著有榖溪漁唱集，年七十卒。龍游縣志卷十八

胡介祉　字循齋，號茨村，清山陰人，宛平籍，少保兆龍子。由蔭生歷官河南按察使。好藏書。校書甚勤，著隨園詩集。兩浙輶軒録其藏印有胡茨村印、鐵琴銅劍樓書目燕越胡茨村藏書印。楹書隅録

胡文煥　字德甫，號全菴，一號抱琴居士，清仁和人。嘗于萬曆天啓間構文會堂，藏書設肆，流通古籍，刊格致叢書至三四百種，名人賢達，多爲序跋。自著琴譜六卷。武林藏書録卷中

胡啓龍　字羽嘉，又字掌綸，號雲峯，乾隆時海寧人。職貢生。家饒于貲，藏書甚富。構雲峰別墅于胡仁村，頗擅林泉之勝。與諸名流觴詠，殆無虛日。工舉業，刊羽嘉時文行世。長子珠及孫爾榮能世其家學。他所著有愛蓮書屋詩文集、華鄂堂集古詩一卷。海寧州志稿典籍十一

胡彭述　字信甫，明海鹽人。好藏書，其好古堂書目序中云：「予家世爲塾師，自誠齋府君迄仰厓府君凡四世，雖隱顯不同，而其雅好均類于張華，以故藏書幾至萬卷，亦云盛矣。玆懼卷目煩多，易以散逸，敬分四類，曰經史子集而貯之好古堂中，冀時一展玩之以開此心茅塞，期無負祖父相傳之意，然而未易能也。」海鹽縣志孝義傳

胡鳳丹（　—1890）　初字楓江，後字月樵，別號桃溪漁隱，永康人。緝雅堂詩話卷下：「月樵于鄉邦先輩遺書，表章最力。昔之婺學，漸即湮沉，倘有人焉，爲之發明義蘊，主持名教，往哲流風，可以復振。閱君叢刻，彌用跂望，君既歿，余挽以聯云：『藏書十萬卷，下筆數千言。小試金綸，便從漢水投簪，遺績待編循吏傳。使浙及三年，見君才一面，相逢老病劇，憶婺州分襟，瀕行錄贈郡人詩。』蓋深惜之也。」

家傳略：「公以知府留鄂司釐局，裁革陋規。筦崇文書局，權糧道，雪毛守戎以民欠被誣之冤，豁免地丁，民霑實惠。歸田後築十萬卷樓，嘯咏其中。蒐采先賢著述，爲金華叢書，編小志，刊詩錄，并輯續錄。有聞見錄，鄉貢錄待梓。」兩浙輶軒續錄四十一

胡惠墉　皕宋樓藏書志：「麗澤論説集録十卷，有當湖小重山館胡氏篴江珍藏朱文長印，胡氏名惠墉，平湖人，道光中藏書家也。」莫氏宋元本經眼録毛詩要義有錢天樹跋云：「魏鶴山九經要義，四庫全書載周易儀禮尚是全帙，尚書春秋，皆非完本。楊州阮氏得尚書三卷，卽四庫所闕之卷。又禮記三十一卷，首闕曲禮上下二卷，其餘四經竟無從諮訪矣。壬辰仲春篴江壻不惜重值購得宋槧毛詩要義，首尾完整，觸手如新，乃曹楝亭舊藏，真希世之珍也。郡城劉氏藏有宋槧禮記，闕首二卷，卽阮氏所闕之帙，當訪求之。從此易詩書二禮五經皆成完書，真大快事也！篴江席豐履厚，而不以他好縈心，惟古人秘笈，搜訪不遺餘力，是可尚已。」

晗按，據陸莫二氏所志胡惠墉字篴江，錢天樹壻，紀載甚確。第查續當湖外志，則胡名惠孚，字荻江，他所載事跡均同，未知孰是，或胡曾更名也，并録於後：

續當湖外志卷六：「邇來我湖藏書之富，邑中推陳氏簡香齋，朱氏三萬卷樓，東鄉推棣雨徐氏，紹德堂全公亭，項氏樂閒居最富，而精者莫如胡氏小重山館。咸豐時尚存四十九櫝，且抄本十居六七，多秘本。主人荻江上舍惠孚，係錢夢廬先生天樹之壻。先生精賞鑒，喜古書金石，上舍之書得於外舅者居多。整頓卷帙者施益三汝昌，館于胡多年。主人欲檢一書，抽取卽是，亦人所難能者。遭亂後，各藏家書俱蕩爲煙雲矣。」有小重山館書目六册。平湖縣志經籍志

劉聲木萇楚齋隨筆卷八：「上海郁氏藏書頗負盛名，而罕有知其藏書之所本者。大概郁氏

之書得于胡□□，胡又得之于其舅平湖錢夢廬上舍天樹，錢係監生，收藏舊書金石書畫甚富，爲浙西一路風雅主盟。中落後，其所珍秘大抵爲其壻胡□□所得，由胡轉入上海郁氏。同一藏書，今人知胡□□錢天樹幾無一人。」

胡爾榮　字豫波，號蕉窗，又號廉石，清海寧人。啓龍孫，監生。蕉窗饒于貲，聚書十萬卷，旁及書畫鍾鼎之屬，築愛蓮西堂儲之。唱酬之樂，有月泉吟社之風。晚雖家落，遇名流墨妙，仍不惜典衣購之。至力所不能者，則筆之于册，仿雲烟過眼録之例，名之曰破鐵網。有蕉窗賸稿二卷、經義攷校勘記二卷、華鄂堂藏書目四卷。國朝杭郡詩三輯三十二、海寧州志稿典籍十五

胡震亨　字孝轅，海鹽人。萬曆丁酉浙榜舉人。官固城教諭，升德州知州。州吏持牘來迎，震亨批牘尾以詩，有云：「自愛小窗吟好句，不隨五馬渡江來。」謝病不赴，著書自娯。震亨才高學博，於書無所不讀，尤好究心治術。藏書萬卷，日夕搜討，凡秘册僻本，舊典佚事，遺誤魯魚，漫漶不可句讀者，無不補掇揚搉，稱博物君子。所著唐詩統籤、海鹽圖經、續文選、靖康咨鑒録，凡海虞毛氏書，多震亨所編定。海鹽縣志十五

胡樹聲　字震之，又字雨棠，清仁和人，原籍休甯。喜藏書，所購多宋元舊本，不吝值。或更手自繕録，積至千百卷。顔其居曰琳琅秘室。呂晉昭胡文學傳

胡應麟　字元瑞，更字明瑞，自號石羊生，蘭谿人。明萬曆丙子舉人。性嗜古書籍，「義烏虞守

愚侍郎藏書萬卷……應麟賤值得之。」人海記「少從其父僖官京師，僖故宦薄，而元瑞以嗜書故，有所購訪，時時乞月俸，不給則脫婦簪珥而酬之；又不給，則解衣以繼之。元瑞之橐無所不罄，而獨其載書，陸則惠子，水則宋生，蓋十餘歲而盡毀其家以爲書，録其餘資以治屋而藏焉。屋凡二楹，上固而下隆其阯，使避溼，而四敞之可就日。爲庋二十又四，高皆麗棟，尺度若一。所藏之書，經史子集四萬二千三百八十四卷。」王世貞二酉山房記有二酉山房書目。

紀雲倬　字象賢，號薔國，清南潯人。淳厚方古，家多藏書。年七十餘，猶手不釋卷。南潯志卷二十一

范　欽　字堯卿，一字安卿，鄞縣人。明嘉靖壬辰進士。累官兵部右侍郎。全祖望天一閣藏書記：「天一閣肇始于明嘉靖間，而閣中之書不自嘉靖始。固城西豐氏萬卷樓舊物也。豐道生晚得心疾，潦倒于書淫墨癖之中，喪失其家殆盡，而樓上之書凡宋槧與寫本爲門生輩竊去者幾十之六，其後又遭大火，所存無幾。范侍郎欽素好購書，先時嘗從道生鈔書，且求其作藏書記。以其幸存之餘，歸于是閣。又稍從弇州互鈔以增益之。雖未曾復豐氏之舊，然亦雄視浙東焉。」

范　蔚　晉錢唐人。關內侯。家世好學，有書七千餘卷。浙江通志百七五范平傳

范大澈　字子宣，又字子靜，明鄞縣人。讀書好古，年二十六，從仲父欽遊京師，題詩雙塔寺壁，

學士袁煒一見奇之，延爲塾師。居三年，補國子生。大學士徐階引掌記室，多倚辦。于是大澈名日益盛。時國家方盛，使節所臨，極海內外。大澈年三十七使琉球，四十二使遼東，……凡七奉璽書，進秩二品。生平酷嗜鈔書，每見人有寫本未傳，必苦借之。長安邸中所養書傭多至二三十人。尤愛法書名畫，唐宋以來名蹟及異國人所作，怪雅異集。家藏榻本甚多，初本，肥本，原本，膺本，硬黃紙，棗木板，銀錠紋，過眼卽辨秋毫。又以行天下遠，所至得秦漢以來印章至四五千，擇善紙造硃自爲印譜。有從古專門名家所未窺見者。年六十七致仕，築室西郊，繙經閱史，品畫評書者垂二十年。初仲父欽歸里，起天一閣，藏書極盛。大澈數從借觀，欽不時應，大澈拂然，益遍搜海內異書秘本，不惜重值購之，充其家。凡得一種知爲天一閣所未有，輒具酒茗迎欽至其家，以所得書置几上，欽取閱之，默然而去。其嗜奇相尚若此。

鄞縣志三六

范光文　字潞公，鄞縣人，欽曾孫。順治六年進士，授禮部主事，遷吏部文選司，以勁直不合於大僚，罷官歸。其家天一閣藏書甲于浙東，光文復購所未備，增儲之。黃宗羲至甬上，光文導之登閣讀所未見書，一時稱爲不愧世家風流云。鄞縣志四一

范希仁　字文若，清海鹽人。性質古，不事舉業。工於賦詠。一市樓書數千卷，盡出手錄。卒年七十三，無嗣，著述散佚不傳。嘉興府志卷五十七

范懋柱　字漢衡，清乾隆間鄞縣人，正輅曾孫，從益孫，諸生。以先世藏書進御，録入四庫，詔賜圖書集成萬卷，當時榮之。鄞縣志卷四十一

茅　坤（1512—1601）　字順甫，號鹿門，歸安人。明嘉靖戊戌進士。吴興藏書録茅坤白華樓書目下引湖録云：「鹿門茅先生藏書甲海內，練市新構書樓凡數十間，至於充棟不能容。其孫大將軍止生編爲九學十部目，自序云：『九學者，一曰經學，二曰史學，三曰文學，四曰說學，五曰小學，六曰兵學，七曰類學，八曰數學，九曰外學。十部者，卽九學之部而加以世學，世學不可以示來世。然時王之制，吾先人以玆名于世，吾敢忽諸。』其後携至白門，遭國變散去。著有白華樓稿、玉芝山房稿，年九十卒。」

計光炘　字曦伯，號二田，清秀水人。張鑑秀水計氏澤存樓藏書記：「秀水計氏二田介王徵士研農以所受尊甫慕雲先生藏書來請爲記，二田承餘緒非一世，築澤存樓，縮衣節食，引而弗替。凡得自書賈書船以及長塘鮑氏借鈔者，總經史子集爲卷六萬二千有奇。……」

郁　禮　字佩宣，號潛亭，清錢唐人。諸生。家有東嘯之軒，軒額爲董香光書。庭前雙桂猶明萬曆間所植，交柯接葉，清蔭滿簷，藏書充牣，緑映牙籤。潛亭又增益所未備，頗成鉅觀。時小山堂趙氏藏書雖散，殘帙尚多異本，悉力購之。排比校理，晨夕不休。所居駱駝橋與厲徵君樊榭山房近，不一里，傳録其秘册尤多。徵君没後，其家出遼史拾遺手稿，潛亭購之。中缺

五十葉，百求不得，一日至青雲街見拾字僧肩廢紙兩巨簏，檢視之，皆厲氏所棄，徵君平日掌録遼史拾遺在焉，亟市以歸，棼如亂絲，一一爲之整理，閉户兩月，綴輯成編，適符所缺。振綺堂汪氏後爲雕行，洵潛亭之功也。武林藏書録卷下

十畫

唐仁壽（1829—1876）　字端甫，號鏡香，清海寧人。諸生。負異稟，家饒於財，購書累數萬卷，多秘笈珍本。益肆鑽研，尤究心六書音韻之學。讎校經史文字疏謁舛漏，毛髮差失皆辨之。咸豐八年太平軍躪浙中，藏書蕩然。曾國藩招致金陵書局，生平所爲書皆未就，獨有詩若干卷藏於家。杭州府志卷百四十六

唐堯臣　湖録：「堯臣武康人，爲開建尹。有別業爲萬竹山房，構樓五間，藏書萬卷。書上有印曰『借書不孝』。自鈔書目以貽子孫。中葉式微，悉付于火。有萬卷樓書目。」

孫　琮　字執升，號寒巢，清初嘉善人。諸生。早自高隱，所居山曉閣，喬木參雲，皆數百年物。藏書萬卷，手不停披，每評選一書出，人争購之。晚歲放跡名山，笠屐所經，悉發于題詠。著有山曉閣詩文集。嘉善縣志卷二十四

孫衣言（1814—1894）　字劭聞，號琴西，晚號遜叟，瑞安人。道光庚戌進士。遜學齋文續鈔卷

三玉海樓藏書記：「予家自先大父資政府君，隱君種學，好聚圖籍，兒時見先世所藏多前朝善本，丹黃殆遍，經亂無復存者。予初官翰林，稍益購書，以禄薄不能盡如所欲。同治戊辰，復爲監司金陵，寇亂之餘，故家遺書往往散出。而海東舶來，且有中土所未見者。次兒貽讓，亦頗知好書，乃令恣意購求，十餘年間致書約八九萬卷，雖視深寧所見，未能十之四五，然頗自謂富矣。舊居褊隘，苦不能容，今年春爲次兒卜築河上，乃於金帶橋北，別建大樓，南北相向，各五楹，專爲藏書讀書之所，盡徙舊藏庋之樓上。而以所刊永嘉叢書四千餘版，列置樓下，以便摹印。因取深甯叟所以名書者以名斯樓，手書榜以表之。我子孫中如有得天雋斂而加之以好學，能讀終一書，而知其可好，則可以盡讀他書，能盡讀他書，則豈惟我樓所藏，雖深寧所未見皆可以遍覽而悉通也。異時詞章之美，著述之富，庶幾亦如深寧，斯不謂之可寶也乎。復取古人讀書之法，及就今日藏書之意，具爲條約，揭之堂壁。鄉里後生，有讀書之才，讀書之志，而能無謬我約，皆可以就我廬，讀我書，天下之寶，我固不欲爲一家之儲也。」著有遜學齋詩文鈔。

孫仰曾　字虛白，號景高，宗濂子。歲貢生。仰曾胚胎家學，賡續緒餘，宋槧元雕，充牣几架。鼎彝碑版，羅列文廚。梁山舟學士王夢樓太守相與題評考跋。乾隆癸巳應詔進書數百種，內乾道臨安志三卷，仰邀御題，並賜佩文韻府全部，士林榮之。書目四卷，經亂失去。武林藏書錄

孫宗濂　字栗忱，號隱谷，仁和人。乾隆甲子舉人。一試春官，卽息轍鄉里。構堂曰壽松，藏書數萬卷，以枕葄爲樂。武林藏書録卷下

徐　鍇(916—974)　字楚金，會稽人。與兄鉉號二徐，酷嗜讀書，隆寒烈暑未嘗少輟。後主嘗得周載齊職儀，江東初無此書，人無知者，以訪鍇，一一條答無所遺忘，其博記如此！既久處集賢，朱黄不去手。少精小學，故所讐書尤審。江南藏書之盛，爲天下冠，鍇力居多。陸游南唐書

徐三英　字桐侯，清海鹽人。性恬淡，喜收圖籍披覽自娱。校刊四子書，點畫無絲毫譌，世稱善本。海鹽縣志孝義傳

徐介壽　字孟齡，蘭溪人，與參子。崇正間以貢任祁縣知縣。善古文。家故多書，築百城別墅藏之約五萬餘卷。有百城樓書目。蘭溪縣志卷五

百城樓藏書目自序略云：「大父宦跡半天下，無他嗜好，惟有書淫。至撫閩候代，止以圖書自隨。乃稽天暴漲，數萬卷俱沉。賦歸倒宦橐購書，稍得粗備。大父既逝，居守者竊取過半，所存尚三千三百餘册，今俱烏有。先君以書生專力，不吝重貲，又交遊聲氣之廣，時以一編相授，歷三十餘年，典籍之富甲於浙東。去城北五六里，築百城別墅，吟咏其中。亡何入燕請

郵，遷書經鼎齋，命壽守之，時丙寅秋也。父子分試南北，每每致異書，至除夕父子計書之所入，歲增若干卷，角多少以爲樂。如是七載。壬申大火，化爲飛塵。先君鬱成痞疾，至次年竟不起。嗚呼痛哉！是册自丙寅纔四萬卷，至壬申約數倍之，全目亦焚去。」金華詩錄三十一陸瑞家書目。

徐幼文　明吳興人。湖録高啓記云：「蜀山書舍者友人徐君肆業之所也。幼文嘗自吳以書抵余曰：『吾山在城東若干里，吾屋在山若干，吾屋書在屋若干，山雖小而甚美，屋雖樸而麤完，書雖不多而足以修閱，凡事物之理，與夫羣聖賢修己治人之要，實皆不出乎此。』」著有蜀山藏書目。

徐洪理　字仲玉，號蟄庵，常山人。明崇正間補弟子員，不仕隱居，授徒立訓，嚴而有法。葺漱石山房，多藏書，研精弗輟。有前朝歷科會元墨選、三衢人物考、蟄庵詩集藏于家。常山縣志卷八隱逸

徐時棟　字定宇，一字同叔，學者稱柳泉先生，鄞縣人。道光二十六年舉人，兩上春官卽不復試，以輸餉授內閣中書。故居曰煙嶼樓，藏書六萬卷，盡發而讀之。自夜徹曉，丹黃不去手。覃思精詣，直造古人，其論經最取先秦之說，以經解經，旁及諸子，引爲疏證。無漢宋門户之習。考辨鑿鑿，可息聚訟。其論史獨推史遷，班范以下則條舉而糾之，多前人所未發。留心文獻，刻四明宋元六志，考異訂訛，允稱善本。爲宋儒袁燮請從祀，报一郡未有之事，事實册

出其手，大學士倭仁見而韙之，議上果得俞旨。它所傳著凡三十餘種，兩遭兵火，散佚殆盡。構宅城西，摒擋之暇，復憶錄，然不能什四五矣。文章宏深，詩亦浩落自喜，後進高材生，咸出其門。四方知名之士以事來鄞者類以所學相質問，各得其意而去。同治七年開鄞志局，廷時棟主其事，發凡起例，總持大綱，編輯討論，則屬諸同事任之。次年移局其家，益發藏書及借閱同里盧氏，杭州丁氏書，搜採繁富，至千數百種。仿國史館列傳之例，注所徵引，排比成文。以是費日力十一年，時棟已屬疾，猶强起論志事。臨歿，執其友董沛手，鄭重相委，語不及私，卒年六十。鄞縣志四四

徐與參　字原性，浙江蘭谿人。博學多聞，工書法，天啓中以貢入太學，載所論著入兩都，動至兼兩。所收法書名畫尊彝金石遺文甚衆。或題識磨滅，皆能別其時代，爲浙東好事之尤。其儲書跨連閣十餘皆滿，多善本，本有副，異同是正，或終歲不出户限。其好以歲篤，或言某書有異本，展轉設法重購，必得乃止。歲壬申遺火不戒，焚其藏書玩好且盡。自是悒然，癸酉元夕與客飲，飲竟暴卒。金華詩錄四十徐應亨黍書

徐應秋　字君義，西安人。萬曆丙辰進士，官儀部郎。有書癖，充棟之藏，漁獵殆盡，著書甚富。其已行世者談薈、雪艇塵餘、古文藻海、古文奇艷、駢字憑霄等集。浙江通志百八十一

徐鴻釐　字冰倩，號觀秋，清海寧人。諸生。家富藏書，校訂精審。尤工韻語，有洛涘堂詩鈔。

避寇至越中，雖顛沛流離，猶日事吟咏不輟。海寧州志稿卷二十九

祝以豳　字耳劉，海寧人。明萬曆丙戌進士，官至工部左侍郎。人海記：「藏書之厄如吾鄉祝侍郎耳劉之萬古樓，武原駱侍郎駸曾，非流散則灰燼。」

祝庚輝　原名懋曾，字雙林，號静山，清仁和人。諸生。績學敦氣誼，有經濟才。藏書最富，吟誦不輟。兩浙輶軒錄卷三十七

袁　枚(1716—1797)　字子才，號簡齋，錢塘人。乾隆丙辰舉博學鴻詞，己未進士，改庶吉士，官江甯知縣。幼即嗜書，得之苦無力。通籍後，以俸易書，積至四十萬卷。築小倉山房所好軒貯之。乾隆癸巳詔求遺書，將所藏書傳鈔稍稀者皆獻大府，或假賓朋，散去十之六七。小倉山房文集所好軒記，散書記，劉聲木萇楚齋三筆

袁　桷(1267—1327)　字伯長，元慶元人。爲麗澤書院山長，以薦改翰林國史院檢閱官，累遷侍講學士，卒謚文清。至正直記：「袁伯長學士承祖父之業，廣蓄書卷，國朝以來甲於浙東。伯長没後，子孫不肖，僕幹竊去，轉賣他人，或爲婢妾所毀者過半。」所著易説、春秋説，世久無傳本，清容居士集及延祐四明志尚存。

袁忠徹(1377—1459)　字公達，一字静思，鄞縣人。官尚寶少卿致仕。好學，博涉多聞，陳敬宗符臺外集序稱：忠徹退朝之暇，日與縉紳文士磨礱諷詠，故其收藏亦富。陸心源蜀大字殘本漢書跋

有尚寶少卿袁氏忠徹印及董氏静思静引顔氏家訓六十五楷字長木記、莫氏經眼録忠徹南昌袁氏家藏珍玩、子孫永保、袁中儒印、忠徹瞻袞堂朱記、袁氏父子列卿忠孝世家、袁氏忠徹朱記。式古堂書畫攷

郎　瑛　字仁寶，明仁和人。生有異質，少長博綜藝文，肆意探討。素有疾，澹于進取。有愛之者曰：「如後時何？」瑛曰：「吾已委身載籍矣，尚復與少年競筆札耶！」督學潮陽盛公惜其才學，欲推挽之，卒謝不出。家所藏經籍書史文章雜家言甚盛，日危坐諷讀其中。攬要咀華，剌瑕指類，辨同異得失，著書凡數種。四方見其書無不願交託者。所著有萃忠録二卷、書史兗鉞六十卷、七修類稿五十五卷。武林藏書録卷中

馬　瀛　字二槎，清海寧人。監生。陳仲魚徵君向山閣藏書大半歸二槎。其吟香仙館書目，多世所未見之本。有宋本後漢書、晉書，因以漢晉名其齋。晉書天籟閣故物，有王弇州手鈔補缺之卷，洵書林瓌寶也。國朝杭郡詩三輯三十二藏書印有二槎秘笈、馬氏吟春仙館收藏印持静齋書目

馬玉堂　字笏齋，海鹽人。道光辛巳副貢。性耽書籍，聞人有善本必展轉購録，庋藏秘册甚多。杜門讐校。後遭兵亂，書籍散失。著有讀書敏求續記、十國春秋補傳，餘多不傳。海鹽縣志文苑傳藏書印有玉堂、笏齋、漢唐齋、莫氏宋元本經眼録扶風隱書生白文方印及古鹽馬氏朱文印。皕

宋樓藏書志

馬宣教　以行稱萬十一，明海寧人。以貲海致富，與黃岡賈氏並以貲甲一郡。起樓聚書萬卷，延徐一夔、貝瓊諸名儒教其子弟。海寧州志稿卷三十一

馬思贊　字寒中，號衎齋，又號南樓，又字仲安，一號漁村，清海寧人。監生。工詩績學，諸子百家無不硏貫。家有道古樓紅藥山房，藏書多宋元精槧及金石祕玩絹素真蹟，充牣其中，不減倪氏清祕閣。藏書印有玉音孝友著于家庭信誼隆于鄉黨、古鹽官州馬思贊之印、華山馬仲安藏善本印、古鹽官州馬氏南樓書籍印、古鹽官州馬素邨書畫印、海昌馬思贊印、中安一號漁邨圖記丁氏藏書志。所著有衎齋印譜、歷代鐘鼎欵識、扶風琬琰錄、道古樓藏書目、道古樓歷代書畫錄、唐詩聞、蘇詩注釋、剡源文鈔、簡庭小碎詩、紅藥山房詩、寒中詩集。海寧州志稿典籍十

高濂　字深甫，號瑞南，明仁和人。著雅尚齋詩草，頗得自然之趣。嘗築山滿樓於跨虹橋，收藏古今書籍，其印記曰妙賞樓藏書、曰高氏鑑定宋刻版書、曰武林高深父妙賞樓藏書。又有五岳真形印，每册首皆用之。著尊生八牋十九卷，第六牋曰燕閒清賞，皆賞鑒清玩之事。其論藏書云：「藏書以資博洽，爲丈夫子生平第一事，其中有二說焉：家素者無資以蓄書，家豐者性不喜見書，故古人因貧日就書肆、鄰家讀書者有之；求其富而好學則未多見也。卽有富而好書，不樂讀誦，務得善本，綾綺裝飾，置之華齋，以具觀美。塵積盈寸，經年不識主人一面，

何益哉。噫！能如是，猶勝不喜見者矣。藏書者無問册帙美惡，意惟欲搜奇索隱，得見古人一言一論之祕，以廣心胸。未識未聞，至于夢寐嗜好，遠近訪求，自經書子史百家九流詩文傳記稗野雜著二氏經典，靡不兼收。故嘗耽書，每見新異之典，不論價之貴賤，以必得爲期。其好亦專矣。故積書充棟，類聚門分，時乎開函攤兀，俾長日更深，沉潛玩索，恍對聖賢，面談千古，悅心快目，何樂可勝。古云開卷有益，豈欺我哉。不學無術，深可恥也。又如宋元刻書，雕鏤不苟，校閱不訛，書寫肥細有則，印刷清朗，況多奇書未經後人重刻，惜不多見。佛氏醫家二類更富，然醫方一字差誤，其害非輕。故以宋刻爲善。海內名家評書次第爲價之重輕，以墳典、六經、騷、國、史記、漢書、文選爲最，以詩集百家次之，文集道釋二書又其次也。宋人之書紙堅刻軟，字畫如寫，格用單邊，間多諱字，用墨稀薄，雖著水溼燥無湮迹，開卷一種書香自生異味。元刻仿宋單邊，字畫不分麤細，較宋邊條闊多一線，紙鬆刻硬，用墨穢濁，中無諱字，開卷無臭味。有種官券殘紙背印更惡。宋版書刻以活襯竹紙爲佳，而蠶繭紙鵠白紙藤紙固美，而存遺不廣。若糊背宋書則不佳矣。余見宋刻大版漢書，不惟內紙堅白，每本用澄心堂紙數幅爲副，今歸吳中，眞不可得。又若宋版書在元印或元補欠缺，時人執爲宋刻，元版遺至國初，或國初補欠，人亦執爲元刻，然而以元補宋，其去宋近未易辨，以國初補元內有單邊雙邊之異，且字刻迥然別矣，何必辨論。若國初慎獨齋刻書似亦精美，近日作假宋版，神妙莫測。將新刻模宋版書特鈔微黃厚實竹紙，或用川中繭紙，或用糊褙方簾緜紙，或用孩兒白鹿紙，筒卷用槌細細槌過，名之曰刮，以墨浸去臭味印成，或將新刻板中殘缺一二要處，或濕黴三五張破碎重補，或改刻開卷一二卷文年號，或貼過今人註刻名字，留空另刻小印，將宋人姓氏扣填兩頭角處。或妝摩損，用砂石磨去一角，或作一二缺痕，以燎火燎去紙尾，仍用草烟熏黃，儼狀古人殘傷舊跡。或置蛀米櫃中，令蟲蝕作透漏蛀孔，或以鐵線燒紅，隨書本子委曲成眼，一二轉折，種種與新不同，用紙裝襯，綾錦套殼，入手重實，光膩可觀，初非今書彷彿，以惑售者。或作夥囤令人先聲指爲故家某姓所遺，百計瞀人，莫可窺測。多混名家。收藏者當具真眼辨證。」讀其藏書之論，可想其藏書之富。按天祿琳瑯收其所藏太學新編，排韻字類，純廟冠以宸題，鈐以御寶，載其收藏印記曰古杭瑞南深甫藏書記。又明版漢書有高氏家藏書畫印，瑞南二印。流傳三百餘年存碩果，不啻寶玉大弓視之矣。又按黃蕘圃玄珠密語跋中有古杭高氏藏書印：「高瑞南明中葉藏書家。何夢華有宋刊朱氏驗方，余舊藏宋本外臺秘要亦有其圖記。」武林藏書錄卷中

高承埏（1602—1647）　字寓公，嘉興人。明崇禎庚辰進士，曾知遷安、寶坻、涇三縣，宏光初量移工部虞衡司主事。錢謙益嘉興高氏家傳 好聚書，多至數萬卷，寢處其中，校勘不倦。時復卒卷掩抑曰：「先人有知，魂魄猶應倦此也。」朱辰應高工部傳 其藏書之處曰稽古堂。嘉興府志叢談中

云：「高氏稽古堂藏書八十櫝，與項氏萬卷樓争富。」

十一畫

張　雨（1277—1348）　字伯雨，號貞居，元錢塘人。寄跡黃冠，少從其師王壽衍入京師，以詩見賞于閒閒宗師，送之翰林，集賢袁伯長、虞伯生、揭曼碩諸公和之，由是名大起。晚居三茅觀修玄史，歷紀道家高士。自序曰：「老子玄足者也，是集不與焉，尊之也。」作黃篋樓，儲古圖史。作水軒于浴鵠灣，營墓於靈石塢，售繫腰作梁名玉鉤橋。橋南數十步作藏書石室，自勒銘而吳睿隸古。所著出世集三卷、碧岩玄會録三卷、尋山志十五卷、貞居集七卷。元季紅巾寇杭而諸書散佚。武林藏書録卷中

張　柯　字晉樵，一字東谷，清海鹽人。官杭州訓導。張氏爲浙西望族，其先羅浮先生以給諫起家，城南烏夜邨有涉園，其別業也。晉樵與朱笠亭陸太冲輩日坐嘯其中，圖書彝鼎望而知爲故家物，著攓雲樓詩稿。兩浙輶軒録藏書印有涉園主人鑑藏、古鹽張氏小白珍藏、古鹽涉園張氏守白齋珍藏書畫之章。楹書隅録

張　瑞　宋鄞縣人。兩經荐辟，以母老力辭。築甬洲書莊，聚書萬卷，與子孫講習其中鄞縣志三十一張文英傳

張　雯(1293—1356)　字子昭，元杭州人。少嗜學。時宋社已屋三十稔矣，故老遺黎尤有存者，子昭從其人問宋遺事，得其什一。喜遊錢塘，山川城邑，徘徊躑躅，感歎不已。兼通聲律。家臨市衢，構樓蓄書，自經傳子史下逮稗官百家，無不備。日繙閱研究，藏書印有子昭印、張子昭印。著繼潛録、書畫補遺、墨記。至正十六年卒，年六十四。武林藏書録卷中

張　楧　字仲實，杭州人。官兩浙都轉鹽運使知事。幼而警敏，甫冠而學業大成。是時宋社既墟，而典章文物猶存。咸淳間士摇于舉業，楧獨鋭意復古學，于經闡明奥旨，承先世之遺，圖書富有。曾與鄧善之分一室居，相與讀書其中，如此者十年。著學古齋稿、格物編。武林藏書録卷中

張　樞(1292—1348)　字子長，元東陽人。父覯光，娶於金華潘氏，潘氏故多書，插架數萬卷。樞就外家讀書，遂居金華。嘗爲春秋三傳歸一義三十卷、刊定三國志六十五卷，又別撰漢書本紀附以魏吳、續後漢書七十三卷。三國之臣有能致節于其君者，舊史或諱不書，或書而失實，或僅見于異代之史，皆爲更定，而於漢書則備載，以明正統。或一事數説，必參訂歸一，是非疑似抑揚予奪，咸有論著，繫于各篇之末，名曰訓志。此外又有宋季逸事若干卷、林下竊議一卷、張曲江年譜一卷、敝帚編若干卷。金華徵獻録卷十一

張　濤　字鐵庵，清海寧人。性酷嗜典籍，雖日處闤闠，市聲諠聒，處之怡然。小樓頓書萬卷，

人定後篝燈披讀，輒達旦忘倦。文章超邁，雅近眉山，論史諸篇，尤有卓識。詩不屑屑規唐摹宋，而卓然自成一家。所著有補讀樓詩六卷、文一卷、雜著一卷。海寧州志稿卷三十二

張一韶　字尚成，明浦江人。由邑弟子員入成均。癖嗜書，罄産訪購，積至數萬卷。自刑法、錢賦、禮樂，旁及方輿、氏族、星曆、醫卜，無不精究。慨然以著作自負，聚四方知名士與之辨論大義，復縱遊三輔、兩都、岱宗、闕里、匡廬、九嶷、彭蠡、洞庭、嶺外，盡交楚、蜀、閩、粵諸名士，自是文益雄邁。作詩不專尚音韻，以議論爲主。常曰儒者多拾殘瀋，據成敗以論古人，使生趣盡脱。乃作咏史詩三百篇，援引馭據，率自成一家言。又以世之爲詩，不辨時代升降，多循聲踵謬，體格既訛，韻律全失，乃著歷代詩草辨體、樂府考題。時建酋跳梁，插套諸虜，往往生戎心，乃著九邊圖考。郡司李阮元聲數相從論古作者優劣，乃爲輯選金華文徵、詩徵。晚歲善病，坐卧一榻中，然不廢吟咏。乃有病餘集，統所著曰貽燕堂集，共三十卷。熹廟中開史局，詔纂修兩朝實録，或以其名薦，以病不果赴。迨病革且死，口不及男女事，惟以手定金元史未竟業爲恨。光緒浦江縣志稿文苑傳

張之鼐　字仲謀，號超微，清杭州人。博覽羣書，長于詩文。隱居横潭别墅，詩文唱和，韻林中無不知横潭張半龕也。喜著述，日居卧癡樓半庵齋，擁萬卷。手輯棲里景物略十二卷、神仙通紀百卷、横潭草堂詞若干卷。唐棲志卷十二

張作楠　字沂之，號丹邨，金華人。嘉慶戊辰進士，官徐州知府。丹邨稟異質，敦内行，理闡程朱，學探河洛。著有四書同異十二卷、鄉黨小箋一卷、証文一卷、翠微山房文集十六卷、數學三十八卷、書目五卷。筆録識小録、愈愚録、東郭鄉談等若干卷。金華詩續録

張廷濟（1768—1838）字叔未，嘉興人。嘉慶三年舉人。屢躓禮闈，遂結廬高隱，以圖書金石自娱，自商周至近代凡金石書畫刻削髹飾之屬，無不搜聚，構清儀閣藏之。清史列傳藏書印有清儀閣張叔未廷濟印。宋元舊本書經眼録著有桂馨堂集。

張宗松　字青在，一字楚良，又字螻廬，清海鹽人。國學生。性耽吟咏，與馬維翰、朱炎友善。少時村居詩有：「隔水一牛横笛去，盤雲雙鴿帶鈴來」之句。海寧楊性夫給諫一見賞之，妻以女。家藏書籍甚富，凡圖書鼎彝之屬，鑑别最精。著有寒坪詩鈔。兩浙輶軒録，海鹽縣志

張定閏　字嘯夫，道光時平湖人。附貢。童年畢讀十三經，常集竹林詩社，與光子侍講金鏞都轉炳堃輩晨夕唱和，爲士林佳話。性喜書，積卷累萬，觀名人書畫，立辨真贋，有錢天樹風。著望雲樓焚餘草。兩浙輶軒續録三三

張培源　字江亭，號蕁香，清平湖人，監生。深得家學，好書，購宋元精刻積數千卷，藏一樓，寢食其中。體雖羸，吟咏不輟。年二十六卒。著有吟香詩集四卷。平湖縣志卷十七

張敬謂　字佩言，號南園，清錢塘人。南園少力學，嬰疾不能試有司，年三十餘卽卒。家在定

鄉，闢園宅南曰南園，水木花石，軒廊亭榭之勝稱于一時。行藥索句，間爲小畫，逍遙其中以自娛。陸雲九明經稱其詩純任自然，機趣横溢，他人冥搜默索所不到者乃以平易出之。不名一家，正復自成一家，蓋確論也。園中別構精舍，藏書萬餘卷，常曰：「病軀負庋架物，吾子孫必有能讀者。」太平軍之亂，園燬書燼矣。有等閒集。國朝杭郡詩三輯二十八

張鳳翔（　—1777）　字方海，初名秉嶽，上虞人。邑庠生。生而聰慧，爲文有奇氣。家有藏書多善本。有方海詩集行於世。上虞縣志卷十二

張壽榮　字菊齡，清鎮海人。同治九年舉人。花雨樓叢書自序：「余承先人業，遺書二萬卷，庋閣于花雨樓中。時復有所購置，而口誦，而手披，而點勘，丹黃之不輟，亦庶幾好書而聚書矣。雖不敢自謂知書，而於抱經氏所黜爲勿録者，循例推廣，一再察詳，慎之又慎，並有以別白其間。惟念兵燹之餘，古籍煨燼，鋟槧半虛，因出數種付剞劂，尋又以舊本流傳，有經刪削而非完善者；有沿譌襲謬未爲諟正，貽誤來學者；有卷帙侈廣，行篋挈携致多未便者。於三者而爲籌其善，酌其宜，用是一律繕寫，魚虎精讐，復謀諸手民，續次授梓，俾公同好。積册成編，爰署以爲花雨樓叢鈔。閱者得不訕爲不知書者之所爲，所幸多矣。而余之好書聚書之衷，又庸有幾乎哉。」

張燕昌（1738—1814）　字芑堂，號文魚，又號金粟山人，海鹽人。乾隆丁酉優貢生，嘉慶丙辰薦

舉孝廉方正。性愛古，所見古書甚多，與長塘鮑禄飲相友善。卒年七十七。有金石契五卷、三吳古甎録。張廷濟桂馨堂集感逝詩，士禮居藏書題跋記，府志經籍志

張載華　字佩兼，清海鹽人。藏書萬卷，遇有善本手自抄録。刻有初白菴詩評。海鹽縣志卷十七藏書印有張載華印、芷齋圖籍鐵琴銅劍樓圖目、古鹽張氏松下圖書、張氏研古樓藏書諸印。持靜齋書目

淩　昱　字敬輿，錢塘人。明景泰庚午舉人。祖雲翰所蓄前代典籍甚富，敬輿收藏無遺，于所居作堂貯之，顏曰尊德。武林藏書録卷中

曹　辛　字薑侯，清餘姚人。弱冠補邑博士弟子員，不好舉業，檢書得算法統宗，玩索有得。又從邑中倪氏、泗門謝氏假數理書數種，朝夕研究，稍稍窺九章門徑。後又覩談天一書，潛心數年。遂能推步。會甯波宗太守源翰開六齋課士，聘黃孝廉炳垕長天文算學齋。辛既受知，乃師事焉，學益進。先後爲學使所識。丙戌瞿學使鴻璣並賞其文，歲科試俱第一，餼于庠。屢應鄉試不售，以明經終。好收古書，自羣經諸子迄泰西天算家言，不下千種。自序蕉雨書屋書目云：「余嗜書成癖，貧不能多得，所能購惟恐失之。」其治算學無師承，至憤悱時，輒夜以繼日。暑夕置兩甕案下，插脚甕中以避蝱。常語子弟云：「所費膏火，盡油數百斤矣。」其苦心孤詣如此。餘姚六倉志卷三十四

曹　蚩　字囷明，宋鎮海人。年十二能作舉子業。未冠已博綜經史百家之言，天文地理與夫天下形勢兵家之學，靡不通貫。常聚萬卷，多手自讐校，積學老而不衰。自號牧菴居士，嘉泰二年卒，年六十八。剡源鄉志卷八

曹　溶（1613—1685）　字潔躬，又字秋岳，號倦圃，秀水人。崇禎丁丑進士，仕至御史，入清歷户部侍郎，出爲廣東布政使，左遷山西陽和道。鶴徵前錄晚年自號鉏菜翁，築室范蠡湖，顏曰倦圃。携李詩繫好收宋元人文集，其靜惕堂書目所載宋集，自柳開河東集已下凡一百八十家，元集自耶律楚材湛然集已下凡一百十五家。池上偶談其藏印曰兩河使者、曰白學先生、曰鉏菜園；又有檇李圓印、秀州葫蘆印。常輯續獻徵錄六十卷、五十輔臣傳五卷。著靜惕堂書目、靜惕堂詩文集三十卷。式古堂畫攷

曹言純　字種水，一號古香，清秀水人。自弱冠後專心詞章之學，家苦無書，借人書籍，節取其精華，蠅頭細書，三十餘年無慮千百册。李貽德贈之詩有：「少時森森挺玉筍，藏鏹半爲買書盡」之句。其藏書處曰五千卷室。暴書雜記

梁紹壬（　　—1792）　字晉竹，號應來，錢唐人。道光辛巳舉人。家有兩般秋雨庵藏書。丁氏藏書志

章　金　字益齋，清秀水人。曝書雜記：「益齋年逾古稀，鈔書不輟。二十年前常鈔樂書全部，

影宋精絶，共計一千二百餘葉，以舊宋本更假東津亭馬氏所藏宋本校正，閱二年而成。自陸丈瓠尊下世，吾鄉劬書者章君爲魯靈光矣。」

章得一　字德茂，元歸安人。十歲能文，比長不樂仕進，程鉅夫薦之不起。常積書萬卷，學者遠近畢至。有悠然先生集。歸安縣志卷三十六

莊仲芳(1780—1857)　字芝階，秀水人。嘉慶庚午舉人，官中書舍人。性淡於榮利，愛西湖山水，晚歲歸居甪里街，築映雪樓，藏書五萬餘卷。映雪樓藏書目考自跋：「余生平所嗜惟書與花，而書尤甚。積五十年得書幾五萬卷，合經史子集區爲十卷，注爲三編。内編有醇無疵，外篇有醇疵參半，附編多僞書或淺陋疵類者，各著撰人名氏爵貫，略及行事並著書之意。他日書卽雲散，留此一目，亦足以見余精神所寄矣。」常論總集自文選以後，唐北宋元明選家均有成書，惟南宋與金缺如。鄉前輩沈嗣選果堂著有南宋文鑑，又復僅存門目，乃裒集成之，名曰文範。又輯金文雅、碧血録、古文練要，均稱收羅宏富。嘉興府志卷五十二，八十

莫　濰　字濰山，清錢唐人。諸生。精算學，其藏書處曰翠雲書隖，所列各書雖無甚祕籍，然亦楚楚可觀。著耳食録八卷。武林藏書録卷下

許　棐　字忱父，號梅屋，宋海鹽人。隱居秦溪，築小莊于溪北，儲書數千卷，丹黄不休。梅屋書目自序云：「余貧喜書，舊積千餘卷，今倍之，未足也。肆有新刊知無不市，人有奇編見無不

録。故環室皆書也。」著有梅屋稿、獻醜集、樵談、春融小綴。嘉興府志隱逸傳

許　焞　字醇夫，又字純也，號慕迂。海鹽人。雍正癸卯進士，官編修，卽乞歸。閉户讀書，肆力于詩古文辭。已而與張莘臯、陳古民輩講論道學，一言一動皆準先民矩矱。自其祖汝霖（字時庵，官至禮部尚書）以來藏書甚富，而焞尤篤嗜，搜拾遺文，故所藏宋元未刻之集多至百十種。常匯輯漢唐以下迄于清代之詩文各五十卷，卷百葉名曰文海、詩海，手自丹黄而甲乙之。所著有慕迂齋詩文集、學稼軒詩文集十卷、學稼軒書目三册。海寧州志稿典籍十

許克勤　字澡身，號勉甫，清海寧人。廩貢生。生平不苟言笑，重然諾。讀書寒暑無間。先是李侍郎文田主試江南，提倡實學，若蘇州正誼、江陰南菁、上海求志、格致各書院，肄業皆知名之士，克勤與試，得一席。膏奬歲入千金，悉購書籍。手自讐校，丹黄滿目，於輿地之學，圖繪尤工。著周易日記、經義雜識、論語古注集箋補正、十三經古注、方輿韻攷、方言校若干卷。海寧州志稿卷二十九

許宗彦　（1768—1818）　字積卿，又字周生，德清人。嘉慶己未進士，授兵部車駕司主事。寡嗜好，惟喜購異書，不惜重價，藏弆滿樓，于書無所不讀。實事求是，旁及道經釋典名物象數，必殫其奥而後已。蔡之定許君周生家傳有鑑止水齋書目一册。持靜齋書目

許勉焕　字陶初，海寧人。父惟楷構一可堂于室西偏，廣蓄典籍。勉焕復擴充之，邑中號藏書

家。常取古今醫學葬經編排手纂，成名醫類案一百二十卷、平詳纂要十卷。海寧州志稿孝友傳

許惟楷　字端平，號宜齋，清海寧人。質魯體羸，顧以堅毅求道，苦心孤詣，爲文一空霧障。康熙己酉丙戌聯捷成進士。兄惟楓歿，力肩撫孤，遂息意仕進，閉門矻矻，手不釋卷。蓄書一可堂中，丹黃無虛帙。晚年文益簡奧，史斷百篇，不隨人毀譽。詩亦畦徑自闢。卒年七十八。海寧州志稿文苑傳

郭協寅　號石齋，清臨海人。諸生。嗜好古學，于鄉先生遺集搜求尤力，手錄儲八甎書庫，不下數百種。耳目所及，別成台州述聞，遺聞佚事，網羅殆盡。當時台州藏書家，首推洪氏、宋氏，二家所無，則求之石齋。嘗構靈溪山館，邀諸名士題詠，積成卷軸，惜嗣君曉村茂材元暉先石齋卒，等身著作，化爲雲烟，並八甎書庫書目亦不可問。葉書搜得其臨海續志金石稿一稿，門人許達夫茂材得其三台書畫志四卷。其藏印有八甎書屋、小橋流水卽滄州、維桑與梓必恭敬止、別出新意成家、臨海郭家藏書、石齋手鈔、石齋經眼、石齋過眼、石齋藏、朂吾郭公、專聚三台一輩書等印。台州經籍志

晗按兩浙輶軒續錄卷三十二：「徐正廉字奏池號石齋，浙江臨海人。益庵筆記：『石齋藏書處初名茹古閣，後改名八甎書庫』。」里貫別號藏書齋名俱與郭協寅同，不應巧合若是，疑兩浙輶軒續錄以徐亦字石齋，誤引益庵筆記所述八甎書庫屬之也。俟考。

陶及申　字式南，清會稽人。好濂洛關閩之學，家故多藏書，及申足不出户，讐勘塗乙。工古詩文，與俞忠孫等齊名。所著有四書博徵一百廿卷、紀元本末十八卷、筠厂詩文集十卷、文原删訂、立言删訂、外志補餘字學類正若干卷。紹興府志卷五十三

陳　思　宋臨安人。陳伯玉寶刻叢編序：「都人陳思賣書於都市，士之好古博雅蒐遺獵忘以足其所藏，與夫故家之淪墜不振，出其所藏以求售者，往往交於其肆。且售且覽，久之所閱滋多，望之則能別其真贋。」曾彙刻羣賢小集，自洪邁以下六十四家，流傳甚罕。所著有寶刻叢編，尤爲淵博。又有書苑精華十二卷、海棠譜二卷行世。

陳　起　字宗之，宋杭州人。於睦親坊開書肆，自稱陳道人。能詩，凡江湖詩人皆與之善。嘗刊江湖集以售，後以集中語有敖器之言，論列劈江湖集版，坐流配。生平印書凡於書之疑處率以己意改令諧順。瀛奎律髓，藏表元題孫過庭書譜後

陳　春　字東爲，清蕭山人。家有湖海樓，藏書甚富。與汪蘇潭交厚，蘇潭家富圖籍而搜訪不倦，每得善本輒舉以相示。春父冲虛七十生朝，蘇潭持手校列子張注爲壽，春梓印以博親歡。又謀之蘇潭擇考証經史有稗實用者次第寫版，刻湖海樓叢書。湖海樓叢書自序

陳　唐　字雲川，自號青芝山人，清嘉善人。絶意仕進。專心古學。工詩文，家有經籍已徧讀，復購萬卷朝夕披覽。尤喜學易，邃心詮注。好佳山水，移家鄧尉，屋數楹，梅百樹。數年復

歸，閒居奉母，怡然自得。著有青芝山人集。嘉善縣志二十五

陳　撰　字楞山，號玉几，鄞縣人。國子監生，乾隆元年徵舉博學鴻詞，通政使趙之垣聞其名薦于朝，辭不赴。性孤潔不肯因人以熱。家有玉几山房，蓄書最富。精鑒賞，撰有逸材，書畫絶摹仿，每一紙落，人間珍若拱璧。其遊江淮間，窮愁寡合，故說詩多淒斷之音云。鄞縣志四十三

陳　謐　字康公，鄞縣人。宋嘉祐八年進士。元豐七年知華亭縣，民事佛有羨餘率盡以施浮屠，先聖廟則湫隘卑陋，謐始議興學，會以事罷去。世喜藏書，謐之亡，舒亶作挽章，有曰：「塵埃滿匣空鳴劍，風雨歸舟只載書。」孫曦，字元和，號雪窗，紹興八年進士。知休甯縣。有藏書記，以告其後勿墜素業。鄞縣志二六

陳　謨　字福謙，號竹川，清新昌人。幼善病，肆力於學，年五十始舉正榜，所著僅通鑑長編補遺七卷，已梓。他則纚頭細書，散見於家藏者幾數萬卷，無一定本，後當以何義門先生讀書記目之。新昌縣志卷十二

陳　鑑　字鏡三，同治間鄞縣人。敦尚名節，見朋友有過，苦口規之。購書數萬卷，以古學爲家教。年四十六卒。鄞縣志四十四

陳　鱣（1753—1817）　字仲魚，號簡莊，海寧人。嘉慶紀元以郡廪舉生孝廉方正，旋中戊午舉人。少承庭誥，精說文之學。兼宗北海鄭氏，于論語注、孝經注、六藝論皆采輯遺文，並據本

傳參以諸書排次事實爲年紀，嘉定錢大昕謂爲燦然有條，咸可徵信。性好藏書，遇宋元槧本必以善價購之，與吳門黃丕烈、同邑吳騫互相抄傳。晚營果園于紫微山麓中，構向山閣，藏書十萬卷，次第校勘，每册鈐小印二：一曰得此書費辛苦，後之人其鑒我，一爲小像。他著有詩人攷一卷、石經說六卷、埤倉拾存一卷、經籍跋文一卷、聲類拾存一卷、鄭君年紀一卷、續唐書七十卷、恆言廣證六卷、綴文六卷、對策六卷、詩集十卷、新阪土風一卷、簡莊疏記十四卷，及兩漢金石記、松硯齋隨筆若干卷。海寧州志稿儒林傳

陳世佶　字士常，海寧人。康熙癸巳舉人。藏書萬卷，丹黃殆徧，得善本必手錄一過。著種書田稿一卷，又輯杜詩、注經說若干卷。海寧州志稿卷二十九

陳世隆　字彥高，元錢塘人。錢大昕藝圃搜奇跋：「……錢塘陳世隆彥高，天台徐一夔大章避兵携李相善。彥高篋中攜祕書數十種，檢有副本悉以贈大章。大章彙而編之，世無刊本。」輯有宋詩拾遺二十三卷。

陳自舜(1634—1711)　字小同，一字同亮，別號堯山，清鄞縣人。諸生。爲人强毅方嚴，於名教所在，持之甚篤。皓首窮經，牛毛繭絲不遺餘力，而於字學尤精，凡字彙、正字通、古今韻略諸書，有一字未經蒐入者悉爲補輯。喜購書，其雲在樓所藏爲天一閣范氏之亞。卒年七十八。

鄞縣志四一鄭梁撰陳堯山墓誌銘

陳邦彥(1678—1752)　字世南，號匏廬，海寧人。康熙癸未進士，由翰林歷官至禮部侍郎。書法酷似董文敏。性耽群籍，收藏頗富，康熙四十六年常奉勅編歷朝題畫詩類一百二十卷，他所著有宋史補遺、謚法考、春暉堂書目、讀書志、烏衣香牒四卷、春駒小譜二卷、全唐文、墨廬小稿一卷、春暉堂集、海神廟上梁詞諸書。海寧州志稿典籍八

陳廷猷　號草窗，清平湖人。性嗜書，購藏三萬餘卷。于露亭(名樹德)、孫春潭孝廉(名日烈)增而廣之，積至五萬餘卷。當湖外志有簡香齋書目四册。平湖縣志經籍志

陳振孫　字伯玉，號直齋，宋安吉人。常分教鄞學，宰南城，倅莆田。端平三年知泰州，除浙東提舉。嘉熙元年改知嘉興府，淳祐四年官國子司業。官終侍郎。仕莆時傳録夾漈鄭氏、方氏、林氏、吳氏舊書至五萬一千一百八十餘卷，就所藏仿讀書志撰書録解題二十二卷，極其精詳，爲後來學者考証之所必資。養新録，齊東野語

陳貽範　字伯模，臨海人。宋治平四年進士，歷宗正丞，通判處州，民懷其德，有「道不拾遺劍、月照處州城」之謠。嘗捐食田以輸郡學，于是有司及士民好義者相繼增給，士賴以養。好藏書，所著有慶善樓家藏書目二卷、慶善集若干卷。臨海縣志

王暐萬卷樓記略曰：「臨海陳氏有藏書之樓曰萬卷樓。陳氏世儒家，五季時自金華來居縣西之松里，族大以蕃，衣冠相繼。至宋少卿府君始卽所居作樓藏書，逮其後大着府君新之，入

國朝大德間大著之季剛中侍制又新作之，而聚書益多。」台州經籍志

陳敬璋(1764—1813)　字奉莪，號半圭，海寧人。郡庠生。日可寫萬字，見異書輒手鈔，後燬於火，晚歲猶插架層疊也。海寧州志稿卷二十九

陳敬簡　字汝霖，號可齋，又號吟窗，清海鹽人。由監生官鹽課大使，喜聚書，盧抱經爲作藏書記，撰枕經樓藏書目四卷。海寧州志稿典籍十二

陳聖洛　字二川，清西安人。諸生。人品高潔，與季弟聖澤、族弟一夔同負詩名，二川尤傑出，與遊皆當世名士。家藏圖史甚富，終日坐擁，不問外事。箬桐炭集候蟲集。兩浙輶軒續錄一〇

陳熙晉　原名津，字析木，清義烏人。官至宜昌知府。熙晉邃於學，積書數萬卷，訂疑糾謬，務窮竟原委，取裁精審。常謂杜預解左氏有三蔽，劉光伯規之，而書久佚，惟正義引百七十三事，孔穎達皆以爲非，乃剌取經史百家及近儒著述，以明劉義。其杜非而劉是者申之；杜是而劉非者釋之；杜劉兩說義俱未妥，則証諸群言，斷以己意，成春秋規過考信九卷。又謂隋經籍志載光伯左氏述義四十卷不及規過，據孔穎達序稱習杜義而攻杜氏，疑規過卽在述義中。舊唐書經籍志載述義三十七卷，較隋志少三卷，而多規過三卷，此其証也。正義于規杜百七十三事外，又得百四十三事，蓋皆述義之文。其異杜者三十事，駁正甚少。殆唐初奉勅刪定，著爲令典，黨同伐異，勢會使然。乃參稽得失，援據群言，成春秋述義拾遺八卷。他著有古文孝

經述義疏證五卷、帝王世紀二卷、貴州風土記三十三卷、黔中水道記四卷、宋大夫集箋注三卷、駱臨海集箋注十卷、日損齋筆記攷証一卷、文集八卷、征帆集四卷。清史稿儒林傳二

陸　宰　字元鈞，宋山陰人。越藏書家曰左丞陸氏、尚書石氏、進士諸葛氏。中興秘府始建，首命紹興府録朝請大夫直秘閣陸宰家所藏書來，凡萬三千卷有奇。著有春秋後傳補遺。嘉泰會稽志卷十六

陸　烜　字子章，一字梅谷，又號巢雲子，清平湖人。沈文恪公主敷文講席，撫軍屬其采録遺書，引烜爲助，校勘甚精。刊奇晉齋叢書，收藏甚富。其隨筆云：「凡治定書必用雌黃，其色久而不渝。余嘗見李獻吉評杜詩，錢牧翁手批元遺山集皆手澤如新。修補古書漿糊中必入白芨，則歲久不脱。近購得宋余靖武溪集、趙璘因話録、施彥執北窗炙輠，皆汲古閣物。裝訂極精緻而于破損接尾處皆脱，蓋不用白芨之故，亦藏書家所當知也。」侍兒沈采虹屏亦嗜書，嘗題跋書端，當時稱爲藏書家韻事。有梅谷掌書畫史沈書虹屏印記。兩浙輶軒録，梅谷隨筆，東湖叢記

陸　游(1125—1210)　字務觀，號放翁，宰子。越中藏書家有三：曰左丞陸氏、尚書石氏、進士諸葛氏。陸氏卽游家也。游嘗宦西川，出峽不載一物，盡買蜀書以歸。其編目益巨。三家圖籍嘗更廢遷，而至今最盛者惟陸氏。嘉泰會稽志卷十六

渭南文集書巢記：「陸子既老且病猶不置讀書，名其室曰書巢。」「雨後極涼料簡篋中舊書有感詩：「笠澤老翁病蘇醒，欣然起理西齋書。十年燈前手自校，行間顛倒黃與朱。區區樸學老自信，要與萬卷歸林廬。」自署笠澤翁、笠澤漁隱、九曲老樵龜堂病叟可齋。

陸　寶　字敬身，一字青霞，學者稱爲中條先生，清初鄞縣人。鮚埼亭集十四中條陸先生墓表：「先生藏書最富，多善本。吾鄉之以藏書名者天一閣范氏，次之四香居陳氏，又其次則先生南軒之書也。三十年來亦四散，予從飄零之後摭拾之，尚得其宋槧開慶、寶慶四明二志及草廬春秋纂言，皆世間所絕無也。」著有霜鏡辟塵、悟香等集。

陸子遹　放翁子。放翁跋子遹所藏國史補：「子遹喜蓄書，至輟衣食不少吝也。吾世其有興者乎。」渭南文集

陸心源(1834—1894)　字剛父，號存齋，清臨安人。李宗蓮皕宋樓藏書志序：「先生博聞綴學，偶見異書，傾囊必購，備兵南韶，丁封翁艱，歸裝有書百櫝，迺復近鈔遠訪，維日孳孳。……十餘年來，凡得書十五萬卷，而坊刻不與焉。其宋元刊及名人手鈔手校者儲之皕宋樓中，若守先閣則皆明以後刊及尋常鈔帙，案四庫書目編序而以近人著述之善者附著之。念自來藏書未能垂遠，今年——光緒壬午春奏記大府，以守先閣所儲歸之于公。而以皕宋樓寶藏舊刻精鈔爲世所罕見者輯其源委，仿貴與馬氏、竹垞朱氏、月霄張氏例成藏書志一百二十卷。」他著

有儀顧堂集，刊十萬卷樓叢書。心源既没，其後人以之售於日本人岩崎某，載歸貯之靜嘉文庫。日本所藏吾國書，曩缺史部集部，及得此始告完成云。

陸芝榮　字香圃，清蕭山人。有寓賞樓藏書。抄影善本之富，爲一邑冠。不惜工資，四方書賈，雲集輻輳。插架初印元明版本極多。沈豫補今言 有三間草堂、看圃所藏、忠宣第三十七世孫諸印。皕宋樓藏書志

陸瑞家　字信卿，明蘭谿人。退居讀書，慕古好學，藏弆甚富。建樓貯之，曰萬書樓。婺州藏書，獨盛于蘭谿，胡應麟有二酉山房，徐介壽有百城樓，瑞家蓋一時角立者也。自著契謫稿。金華詩錄三十一

陸爾繩　字繩兮，號淥飲，清仁和人。附貢。淥飲家倉基里，有清華堂，藏書甚富，時集名流，觴詠其間。庚申之變，避居海寧半載，返杭遂餓殉圍城之中。兩浙輶軒續錄四十二

十二畫

景輝　字伊仲，清餘姚人。好聚書，建東白樓，積書至數萬卷。尤長於詩，世比之商山四皓。著有懲羹錄、蘭心編、海郵風俗記、東白樓文集。歿後燬於火，詩集二十四卷藏張敷榮家。餘姚六倉志卷三十二

温日鑑　字霽華，號鐵花，清南潯人。監生。好蓄書，并嗜金石文字。精輿地之學，於南北朝彊宇分合、郡縣僑置攷索尤詳。南潯縣志卷二十

湯紹祖　字公孟，明海鹽人。七歲通古文詞，長而耽讀，聞有異書必百計購求，以故藏帙獨富。好駢麗之文，常取梁末及李唐之可繼蕭選者爲續文選三十二卷。著有清遠堂文稿。浙江通志百七十九

勞　格（1820—1864）　字季言，經元子。平居讀書時，每置空册於案，遇有疑義輒筆之。暇時繙閱諸書，互相攷證，必至精密而後已。藏書之所曰丹鉛精舍，校書之印曰實事求是、多聞闕疑。葉廷琯浦西寓舍雜詠詩云：「真讀書人賊亦欽，鑯塵不使講帷侵，黃巾知避康成里，漢季儒風又見今。」注云：「仁和勞季言家塘棲，累代富藏書，季言尤以博洽名。賊酋至其門，戒其徒謂此讀書人家，毋驚之。入室取架上卷帙觀之，曰：『聞此家多藏秘籍，何此皆非善本，殆移匿他所耶？』徘徊良久，不動一物而去。賊亦知書，異哉！迄今不四十年，遺籍流落塵寰，書目亦散佚不傳。書之不毀于寇，此中豈有數也。」著有讀書雜識十二卷、唐郎官石柱題名考二十四卷、唐御史臺精舍題名考三卷。武林藏書録卷下

勞　權　字巽卿，經元子。精于校讐之學，所校有元和姓纂、大唐郊祀録、北堂書鈔、蔡中郎集、文苑英華及唐宋各家文集。皆丹黄齊下，密行細書，均有補遺附録，引証博而且精，世稱善

本。兼工詞曲，唐宋元明間卷藏皆舊本。武林藏書録卷下。

勞經元　字笙士，清杭州人。學于武進臧鏞堂之門。性嗜收書，恣意流覽。熟諳唐代典制，著有唐折衝府考。武林藏書録卷下

程廷猷　字書城，號擁岩，清楓涇人。弱不好弄，輯古佚書帝王世紀、三輔決録凡十餘種。舊居瓶麓藏書甚富，得舊鈔北堂書鈔，與明世所傳海虞陳氏校補，大異。復感發輯蒼頡字林尤備。張鑑楓溪程君祔葬墓記

童佩　字子鳴，明龍游人。世爲書賈，受業于歸有光，獨以詩文遊公卿間。少室山房筆叢經籍會通四：「龍丘童子鳴家藏書二萬五千卷，余常得其目，頗多秘帙，而猥雜亦十三四；至諸大類書，則盡缺焉。蓋當時未有雕本，而鈔帙故非韋布所辦，亦且不易遇也。」有童子鳴集六卷。

童鈺(1721—1782)　字二如，(易順鼎慕廬臯雜刻□□字二樹，自號鐵生)紹興人。少棄舉業，專攻詩古文。性豪俠，不事家人生產。與同郡劉文蔚、姚翼天、姚大源、劉鳴玉、茅逸、陳芝圖結社連吟，稱越中七子。生平與袁枚未常相見，而極爲傾倒。好聚書，典衣鬻婢易之，無少惜，所藏幾逾萬卷。又好金石書畫，館穀所入，用以卹戚黨，有餘則悉以購焉。河南巡撫阿思哈聘修省志，凡三十六縣，分疏總校，條例謹嚴，人多稱之。卒後，袁枚爲編其詩爲十二卷。清史列傳七十一商盤傳

童　銓　字佛庵，清仁和人。諸生。武林藏書録卷下：「銓家北郭，貧無餘貲。雅性愛古，市集門攤，時時搜訪，所得頗有善本。惜身後斥賣殆盡，聞其所藏前輩小像，多至數十人，不知今歸何處。年七十餘，賦詩而逝，有：『亡魂願化莊周蝶，只戀書香不戀花』句，惜佚其全什矣。」

鈕石溪　明會稽人。黃宗羲天一閣藏書記：「古今書籍之厄不可勝計，以余所見言之，越中藏書之家鈕石溪世學樓，其著也。余見其小説目録亦數百種，商氏之稗海皆從彼借刻。崇禎庚午間其書初散，余僅從故書舖得十餘部而已。」藏書印有鈕氏世學樓圖籍印。天祿琳琅

項元汴(1525—1590)　字子京，號墨林子，又號香岩居士、退密齋主人，明嘉興人。以善治生産富。能鑒別古人書畫，所居天籟閣，坐質庫估價，海內珍異十九多歸之。每得名蹟以印鈐之，累累滿幅。乙酉歲大兵至嘉禾，項氏累世之藏盡爲千夫長汪六水所掠，蕩然無遺。子京題跋皆署摎寧庵，其藏印曰寄敖、曰退密、曰墨林山人、曰世濟美堂、曰傳家永寶、曰神遊心賞、曰古檇李狂儒墨林山房史籍印。天祿琳琅明刻春秋經傳集解、六臣文選皆有世美堂古狂二印，疑亦項氏物也。藏書紀事詩卷三

項傳霖(1798—1858)　字叔雨，號几山，清瑞安人。道光壬午舉人，官富陽教諭。十上春官，不知家人生産。每歸，則多購古書，與兄雁湖辨證校閱。自始學至疾革，未常一日去書。博通經史，旁涉天官曆算陰陽風角諸雜家之説，然亦謙退不著書。（孫衣言撰墓志言其撰筆記十

一卷。）藏古籍數萬卷，悉加丹鉛。所書斷章殘稿，皆端楷不苟。教人讀書，必遵元儒程氏日程，無求速化。生平不輕臧否人物，卽對付村農野叟，亦無倦容。卒年六十一。續碑傳集八十二方宗誠撰項雁湖几山兩先生墓表

項篤壽　字子長，秀水人。明嘉靖壬戌進士，官廣東參議。性好藏書，見秘册輒令小胥傳鈔，儲之舍北萬卷樓。其藏印曰聖師、曰師孔，謂項橐也；曰馬生角，篤字離合體也；曰浙西世家、曰少溪主人、曰蘭石主人、曰萬卷堂藏書記。又有桃花邨裏人家、杏花春雨江南兩印。藏書紀事詩卷三

馮文昌　字研祥，清嘉興人。諸生。寓于杭，嘗得右軍快雪時晴真蹟，因築快雪堂於西湖之孤山，收藏甚富。有宋刊金石錄十卷，極寶愛之，手跋其後，又爲刻印文曰金石錄十卷人家。長箋短札，帖尾書頭每每用之。有馮文昌印、字研祥馮氏三餘堂收藏、馮子玄家藏印、平安館印、馮氏圖書、馮印文昌、文字之祥、君家其昌、快雪堂圖書諸印。武林藏書錄卷下

馮集梧　字軒圃，號鷺亭，桐鄉人。乾隆辛丑進士，授編修。家多藏書，精校勘。嘗刻元豐九域志、杜樊川詩注、惠定宇後漢書補注。著有貯雲居稿。嘉興府志，蒲褐山房詩話

黃　杓　字星橋，號玉繩，鐘孫。性嗜書畫，尤喜究其源委。家故多先世所藏書，因爲詳著其姓氏，尚論其流派，爲畫載二卷。武林藏書錄卷下

黃　樓　字時高，號雲山，明蘭溪人。家豐於貲，好讀書，品題古今人物，構書樓於宅旁望雲山，儲書數萬卷。撥常稔田數百畝，專充子孫教養資。年八十七卒。金華徵獻略卷十四

黃　澐　字瀠江，號學癡，鐘子。性嗜書，手抄秘籍多至百種。其自述云：「秉志以剛，負氣以直。教子一經，交友三益。非曰能詩，但解塗抹。遺之子孫，幸存吾拙。」可以概其平生矣。著有未篩稿。武林藏書録卷下

黃　鐘　字朗亭，號鐵庵，清仁和人。例貢生，歷官刑部郎中。性好聚書，終日讐校，如對古人。其藏書處曰雅趣軒。著有春華閣詩鈔。武林藏書録卷下

黃汝廳　字素庵，清浦江人。幼好學，弱冠補弟子員，旋食餼。鄉闈屢薦不售，以明經終。家素豐，購書數萬卷，日事丹黃，寒暑不輟。喜彈琴詠詩，又工書，得名家意。著有素庵詩鈔二卷。光緒浦江縣志稿文苑傳

黃宗羲(1610—1695)　字太冲，海內稱梨洲先生，餘姚人，忠端公尊素長子。憤科舉之學，思所以變之。既盡發家藏書讀之，不足則鈔之同里世學樓紐氏、澹生堂祁氏，南中則千頃齋黃氏，吳中則絳雲樓錢氏。窮年搜討，游屐所至，遍歷通衢委巷，搜鬻故書，薄暮一童肩負而返。乘夜丹鉛，次日復出，率以爲常。晚年益好聚書，所鈔自鄞之天一閣范氏、歙之叢桂堂鄭氏、禾中倦圃曹氏，最後則吳之傳是樓徐氏。然嘗語學者曰：「當以書明心，無玩物喪志也。」全祖望撰

神道碑

黃肇震　字伯器，澄量子。踵父購書，復增萬餘卷。餘姚縣志

黃澄量　字式筌，號石泉，清餘姚人。諸生。師事孫磬諸重光，篤志力學，于書無所不窺。慕遠祖宋時號五桂者昆季五人並著清望，遂以五桂名樓。聚書五萬餘卷，邑知名士諸開泉、胡芹、史夢蛟、呂迪輩交器重之。著有姚江書畫傳、西明耆舊傳、五桂樓書目。餘姚縣志阮元黃氏五桂樓藏書目序

黃錫蕃　字椒升，清海鹽人。精鑒賞，工八分。少饒于貲，購求金石文字，日事參考。家落，以布政司都事需次福建，上游器重之，署上杭縣典史，辭疾歸。日坐小樓，從事丹鉛。好古之士，咸就質焉。海鹽縣志文苑傳藏書印有醉經堂印。持靜齋書目

十三畫

楊　鼎　字銘禹，號器之，清山陰人。喜藏書，其檢藏書有感云：「辛勤十七載，書卷四萬餘。積之頗不易，愛惜愈璠璵。旁觀多竊笑，此翁何太迂？其臞類山澤，自稱味道腴。飯熟不遑食，髮亂不暇梳。非矜插架多，汲古須修綆。由博而返約，尋源得要領。寡過愧未能，鑑古稍自省。雖有豚犬兒，何由望脫穎。竭力營田疇，恐亦成畫餅。不若從吾好，疏水樂清静。」兩浙輶

軒續録補遺五其書多得自沈氏，「道光己酉吾鄉沈氏鳴野藏書初散，精本半歸楊器之」。仰視千七百二十九鶴齋叢書序

楊文蓀（1782—1852）　字秀實，號芸士，海寧人。道光丁亥歲貢，與存之陸卿兩昆有三鳳之目。性好聚藏，藏書處曰稽瑞樓。所選國朝古文彙鈔，世稱精審。有述鄭齋集。杭郡詩三輯，丁氏藏書志

楊守知（1669—1730）　字次也，號致軒，海寧人。生平嗜古，承祖父之緒，聚書萬卷。工詩，康熙庚辰成進士。善治河，曾權河南河道事。海寧州志稿卷二十九

楊維楨（1296—1370）　字廉夫，山陰人。少時日記書數千言，父爲築室鐵崖山中，繞樓植梅百株，聚書數萬卷，去其梯，俾誦讀樓上者五年，因自號鐵崖。元泰定四年成進士，元亡不仕。洪武三年卒，年七十五。明史卷一百八十五本傳

葉自合　字永和，清蘭溪人。少讀書不治舉子業，從鄉先輩章無逸有成游。工詩及書，凡婺中先賢遺集，莫不抄録。自言古人抄書之多，無過莊蓼堂，予可不遜，因自號蓼庵。有虛舟載筆詩集。金華徵獻略卷十二

萬斯同（1638—1802）　字季野，學者稱石園先生，門人私謚貞文，浙江鄞縣人。少從黃梨洲遊，與聞蕺山劉氏之學。專意古學，博通諸史，尤熟於明代掌故。康熙戊午舉博學鴻詞，力辭免。

明年修明史，徐元文延之至京師，以布衣參史局。明史稿五百卷，先生手定也。其後乾隆中刊定明史，皆以史稿爲本，而加以增損焉。季野于前史體例，貫穿精熟，指陳得失，洞中肯綮，劉知幾、鄭樵不能及也。馬班史皆有表，而後漢、三國以下無之，劉知幾謂無關得失，先生則曰：「史之有表，所以通紀傳之窮，有其人已入紀傳而表之者，有未入而牽連以表之者，表立而後紀傳之文可省。讀史不讀表，非深于史者也。」所著補歷代史表六十卷，又紀元彙考四卷、宋季忠義録十六卷、南宋六陵遺事一卷、庚申君遺事一卷、河源考二卷、河渠考十二卷、儒林宗派八卷、石經考二卷、石鼓文考二卷、群書疑辨十二卷、書學彙編二十二卷、周正彙考八卷、歷代宰輔彙考八卷、石園詩文集二十卷，而明史稿及讀禮通考刻爲書。先生在京師携書十數萬卷，及卒，旁無親屬，編修錢名世以弟子爲喪主，兼取其書去。時論薄之。國朝先正事略卷三十二

葛　朝（1780—1828）　字易初，一字束士，自號惕夫，又號醉仙，慈谿人。嘉慶二十一年舉人，官户部郎中。聚書數萬卷，多善本。爲文規八家，而惡駢體，時藝亦落落抒所見，曰：「奈何俳語代聖言？」故自試郡縣，至四試禮部，無一藝排偶者。所爲詩古文曰迎旭樓未定稿，與秋鴻館制藝同藏于家。煙嶼樓文集二十三户部郎中慈谿葛君墓碑

葛金烺　字景亮，號毓山，平湖人。光緒癸未進士，官刑部郎中。少有才名，博通經史，藏書數

萬卷，樽酒之外，日手一編。所著有傳樸堂詩文稿、竹樊詞、鷗舫書畫録若干卷。兩浙輶軒續録五〇

葛嗣濚(1872—1890) 字弢甫，號雲威，平湖人。光緒乙酉拔貢，丙戌朝考一等，用七品小京官供職農部。戊子舉京兆試，舉主亟賞之，稱其行文絶類歸熙甫，名滿日下。嗣濚生而穎慧，八歲能詩，家藏書綦富，居常流覽不釋手。治小學，通疇人術。尤殫心金石，書學率更，後法六朝，得其神髓。詩不多作，著有弢華舘詩稿。卒年二十九。嚴以盛夢影庵遺稿卷一葛弢甫傳

葛繼常 字奕祺，號淬南，清海甯人，世居郭溪。早補諸生，有聲庠序。好聚書，尤留心鄉邦文獻，遇前賢著述未曾刊印者，必手自鈔録，幾近百册。復詳加攷訂，以跋其後。世所傳石菖山房本是也。又工篆刻，善山水，尤精堪輿之術。海寧州志稿卷二十九

董　沛(1828—1895) 字孟如，號覺軒，鄞縣人。光緒丁丑進士，官建昌知縣。生具異稟，精爽過人，七歲能詩，十一歲學古文，汎濫四部，徧讀家藏書，復求之同縣煙嶼樓徐氏、抱經樓盧氏、天一閣范氏。繼至杭州，借文瀾閣書閲之。學極淹貫，與徐柳泉先生爲忘年交。柳泉先生就私第開志局，甫就緒而卒，屬沛終其事。書出，咸稱殫洽。乙酉以疾解綬歸，令家人闢園地，築屋三楹，顔曰六一山房。聚書五萬卷，坐卧其中。觀察吴公聘主崇實書院，太守胡公、錢公先後聘主辨志書院，課史學，究心甄别，所識拔者皆一時名宿，士論翕然歸之。於前賢著

作，尤所留意，全謝山先生七校水經注原本，爲有力者竊據，乃搜求底稿，重加校勘，謀於觀察無錫薛公付梓，復爲完璧。辛卯，輯四明嘉道後詩，凡九百餘人上之，以局於卷帙，所采僅四百餘人。因復輯國初至今，別爲四朝詩以益前後輶軒録所未備。甲午冬月將開雕，會病作不果。他所著甚富，已刻者明州繫年録七卷、兩浙令長攷三卷、甲丁鄉試同年録三卷、甬上宋元詩略十六卷、若吴平贅言八卷、汝東判語六卷、南屏贅語八卷、晦闇齋筆語六卷，皆官私文檄爲當時所傳鈔者。未刻者韓詩箋六卷、周官職方解十二卷、唐書方鎮表攷證二十卷、竹書紀年拾遺六卷、西江靖寇録六卷、甬上明詩略二十四卷、甬上詩話十六卷、董氏家傳四卷。又今平準書、今禮書、今獻遺聞，皆未定卷數。若鄞縣志七十五卷、慈谿縣志五十六卷，則所主修之書也。江西通志百八十五卷，所協修之書也。詩已刻曰六一山房詩集，正續凡二十卷。文未刻，曰正誼堂文集，凡二十四卷，外集十卷。卒年六十有八。續碑傳集卷八一董縉祺撰董府君行狀

董　思　字湛思，號兼山，又號懸圃，原名靈預，字潛虬，南潯人。康熙壬子歲貢，考授教諭，以葬親亟歸。藏書數萬卷，無不披覽，雖破産購之不卹也。選明代古文，歷十餘載始定，名曰文傳，未問世卒。其從父説爲撰小傳曰：「文章知名之士，則唯謂湛思文人。而一時蓄天官、河渠、禮樂、平準諸學者，謂湛思長經濟。然湛思獨敦内行，實得事親之微。」其稱之如此！有兼山堂集、過軒詩鈔、耦耕詩草。潯溪詩徵六

董　璁　字謂瑄，一字訥夫，烏程人。諸生。雍正甲寅薦博學鴻詞。沈靜嗜學，家富藏書。嘗遊外王父曹秋岳先生之門，倦圃所藏人間不經見書，謂瑄獨之窺，故學有原本。著南江詩文集。兩浙輶軒錄

董蠡舟　字鑄范，清烏程人。志古不慕榮利，於書靡不窺，而猶病其藏家之少，閱市之淺，顏其所居之樓曰夢好。棐几竹榻，百城面南，以寄其深愛篤嗜之思。撰有書目若干卷。張鑑夢好樓記

虞　桃　字卓人，清縉雲人。諸生，性簡淡不喜習舉業。家多藏書，昕夕躭翫，寒暑不輟。善歧黃，療治却金，全活無算。縉雲縣志卷八

虞守愚　號東崖，義烏人。明嘉靖癸未進士，官副都御史，巡撫江西，遷刑部侍郎。年八十七卒。著東崖文集、虔台拙稿。金華徵獻略卷九

人海記：「虞守愚侍郎藏書萬卷，後歸蘭溪胡元瑞。」

虞淳貞　字僧孺，淳熙弟。終身不娶，結廬靈隱寺側，曰猨狖居，役使僅一老僕。又建八角團瓢，于每角藏書，上有樓可眺遠。陳文述猨狖居詩云：「何處青山猨狖居，鷲峯深處有吾廬。但餘蕭僕空林靜，并少梅妻夜月虛。鐘梵一樓堪眺遠，團瓢四面好藏書。漢陂兄弟真無忝，極目回峰樹影疏。」武林藏書錄卷中

虞淳熙 字長孺，錢塘人。萬曆癸未進士，授兵部職方主事，遷主客員外員，補稽勳郎，以耿介見嫉，削職歸。隱回峰，別業曰讀書林，力不能購異書，與弟閉門鈔書，晝夜不止。有武庫行祕書之目，著德園先生集。武林藏書錄卷中

詹紹治 字廷颺，號臥庵，清常山人。歲貢。性嗜學，工詞賦。家多藏書，甲乙丹黃，年逾八旬，猶手不釋卷。著有南湖草、薫絃集。兩浙輶軒續錄十二

十四畫

翟灝 字大川，號晴江，杭州人。乾隆甲申進士，官金華府教授。其居室榜曰書巢，山經地志、稗史說部、佛乘道誥靡不儲庋。既漁獵之又弗炙之，自記曰：「齋之東有軒三楹，周列庋閣，儲書檢閱，餘不暇收拾，橫斜累疊，有似乎鵲之巢。因自命曰書巢。」所著有四書攷異、爾雅補郭、湖山便覽、艮山雜志、通俗編、無不宜齋詩集。武林藏書錄卷下

翟瀚 字蒓江，灝弟。生平喜鈔書，所收多善本。丁氏藏書志

褚陶 字季雅，晉錢塘人。官九真太守，轉中尉。弱不好弄，清閒淡默，以墳典自娛。年十三作鷗鳥、水碓二賦，見者奇之。嘗謂所親，聖賢備在黃卷中，捨此何求。按陳頤道懷褚季雅先生詩有：「西京典籍同劉向，南國藏書匹范平」之句。晉書本傳稱其以墳典自娛，足徵收藏之

富矣。武林藏書録卷中

褚成亮　字叔寅，餘姚人。光緒丁丑貢士。弱不好弄，獨劬于學。節縮衣食貲，購善本書數千卷，手自校勘。雖憲離瑣尾中不廢吟咏。著校經堂遺集。兩浙輶軒續録五

趙昱(1689—1747)　原名殿昂，字功千，號谷林，仁和人。貢生，乾隆丙辰薦試博學鴻詞。家有春草園，池館之勝，甲於一郡。有小山堂藏書數萬卷，山陰祁氏澹生堂所儲大半歸之，聞他人有秘本精鈔，則神飛色動，必多方致之乃已；故貯藏之富，校勘之勤，與同時繡谷亭相匹。乃俯仰未及百年，而緗縹秘笈，化若雲煙，可慨也矣。杭郡詩輯著有愛日堂集。鶴徵後録

趙信　字辰垣，號意林，仁和人。監生。與兄功千齊名，稱二林。好聚書，一如其兄。二林兄弟聚書，得之江南儲藏家多矣，獨于祁氏諸本，則別貯而弆之。有秀硯齋吟稿。鶴徵後録小山堂祁氏遺書記

趙箕　字素門，號輯寧，清錢塘人。家有古歡書屋及星鳳閣藏書。著閩遊雜詩一卷。丁氏藏書志

趙魏　字晉齋，清仁和人。恩貢生。書法精妙，尤精篆隸，時譽隆起，而魏謙不自是。考據金石文字具別特識。其竹崦盦金石目，搜采博精，允推大家。藏書亦富，有竹崦盦傳鈔書目一卷。光緒杭州府志，觀古堂彙刻書目

錢泳履園叢話耆舊門:「晉齋家貧無以爲食,嘗手抄秘書數千百卷以之換米,困苦終身。」

趙一清　字誠夫,谷林子。能昌其家學,好聚書,甚於其父。每一聞異書,輒神色飛動,不致之不止。其所蓄書連茵接屋,凡書賈自苕上至,聞小山堂來取書,相戒無得留書過夕,恐如齊文襄之待祖珽也。撰有小山堂書目二卷。全祖望小山堂藏書記

趙之謙　字益甫,又字撝叔,自號悲盦,一號思悲翁,清會稽人。屢試春官不第,以江西一縣令終。家藏秘册甚富,先後付梓,成仰視千七百二十九鶴齋叢書四集三十一種。未刻者尚夥。著有補寰宇訪碑録。**藏書紀事詩卷七**

十五畫

劉　桐　字舜輝,一字疏雨,清烏程人。貢生。雄於財而多家累,年未三十即棄舉業,遠遊楚,歸則談杭州谷林堂趙氏暨揚州玲瓏山館馬氏之耽書好客,不禁心神嚮往。乾隆壬子、癸丑間即以藏書自任。湖州固多賈客,織里一鄉居者皆以傭書爲業,出則扁舟孤棹,舉凡平江遠近數百里之間,簡籍不脛而走。又值盧氏抱經堂、吳氏瓶花齋讐校精本散出四方,於是疏雨所收之書已達十餘萬卷。癸亥病歿,其家不能收拾,子幼爲人熒惑,舉所藏之富,畀之他人。楊秋室題其身前訪書圖云:「自古圖書厄,多經刼火亡,未聞豪賈奪,舉作債家償。」洵實事也。

著有楚游草、楚遊續草、聽雨軒稿、眠琴山館藏書目。兩浙輶軒錄，張鑑眠琴山館藏書目序

劉毅 字健甫，山陰人。明萬曆己丑會試第六，官至廣西布政使。藏書頗富，人有以典故叩者，必曰此某集某卷，無訛也。所著有寶綸堂遺稿八卷。紹興府志卷四十九

樓郁 字子文，鄞縣人。宋皇祐五年進士，治平初調廬江主簿，未幾攝參軍事。丁母憂，服除，强起以仕。郁曰：「祿不逮親矣，非吾志也。」遂致仕。郁志操高厲，尚友古人。自六經至百家傳記，無所不讀。其講解去取，必當於道德之意。發爲詞章，貫穿浹洽務極於理。好書不倦，家藏僅萬卷，而手抄者居半。人咸以西湖先生稱之。（全祖望湖語注）鄞縣志卷二六

樓鑰（1137—1213） 字大防，一字啓伯，自號攻媿主人，鄞縣人。隆興元年試南宮策偶犯諱，知貢舉洪遵奏，有旨置末等之首。以啓謝諸公，胡銓大稱之曰：「此翰林材也！」調温州教授。範物以躬，學者日益歸心。後官至資政殿大學士，提舉萬壽觀。鑰資禀高明，風儀峻整，瑣務不經於心。惟酷嗜書，潛心經學，旁貫史傳，以及諸子百家。識古奇文字，中原師友傳授，悉窮其淵奧。經訓小學，精據可傳信，文備衆體，非如他人窘俠僻溺，以一長名家。善大字，高宗時太學成，鑰奉敕書扁。性樂易，最能誘掖後進，不掩人之善。聚書踰萬卷，皆手校讐，號善本。客有願傳錄者，輒欣然啓帙以授。真德秀掌內制，鑰所引薦。德秀嘗曰：「聞公清言竟日，或極論達旦，退而書紳，不爲塗人之歸，皆公教也。」嘉定六年卒，年七十七，贈少師，謚宣

獻。鄞縣志二六

樓上層　字更一，號平江，又號蓬萊侍史，浦江人。乾隆五十四年拔貢。少負奇氣，初登盧永章之門，賦梅花不勝，退就弟子列，永章亦深器之。稍長，輒薄制舉業。博考經史子集，專治詩古文，奇崛奧衍，筆力嶄絕。乾隆乙酉，督學朱亟賞其才拔萃，裒然首選。阮中丞輯兩浙輶軒錄，金華闔郡悉資採訪。初，阮視學兩浙，屬上層重修郡書。未幾，阮回任事，中寢。上層生平酷嗜古書奇字，每下筆，輒引星辰排山嶽別開境界，俯視古今生澀如樊宗師，瑰異如李長吉。至其借獎後進，過譽成癖。著有金華耆舊補、古東陽郡書、古文詩集及讀書樓書目一卷。東陽縣志文苑傳經籍志

潘佩芳(1766—1787)　清錢唐人，海鹽朱某室。少工詩，沈文愨公所選唐詩別裁，悉能背誦。喜藏書，貲不足，恒典釵償之。善畫蘭，因署其齋曰畫蘭室。著畫蘭室詩稿。兩浙輶軒續錄五三

潘曾紘　字昭度，烏程人。明萬曆丙辰進士，官至巡撫。有意汲古，廣儲縹緗。視學中州，羅致更富。鼎革時遭刼，土兵至以書於溪中疊橋爲渡，以搬運什物。書之受厄至此！有後林潘氏書目，今已不存。吳興藏書錄

潘景憲　字叔度，宋金華人。樓鑰跋春秋繁露：「繁露行世者皆不合崇文總目及歐陽文忠公八十二篇之數。余老矣，就欲得一善本。聞婺潘同年景憲多收異書，屬其子弟訪之，始得此本。

果有八十二篇，前所未見。」

蔣　玄　(1298—1344)　字子晦，別字若晦，學者私謚貞節先生，東陽人。八齡就師讀書，終日據案端坐，未嘗旁顧，其師奇之。時許文懿公謙以道德爲學者師，玄從而受其說。識悟過人，辨析精確，內函外飭，日超月異，先輩皆自謂不及。家饒于資產，脫去華靡習，聚書萬卷，致力其中。著四書箋惑、大學章句纂要、四書述義通若干卷、治平首策二卷、學則二十卷、韻原六十卷。宋學士全集二東陽貞節處士蔣府君墓銘

蔣　炯　字葆存，號蔣村，清仁和人，廩貢，官湖北廣濟知縣。葆存居杉墩，近太僕山，其地山環水轉，長松古檜，梅花竹箭，彌望無際。其中澄湖曲沚，掩映煙嵐，蔣氏聚族于斯。饒秔稻魚蝦菱橘之利，屋數十椽，聚書萬卷。覃研鉛槧，物外翛然。詩則如程衛尉屯西宮，斤堠森嚴，甲仗雄整。又如兵交罵陣，瞋目揎袖，備極勇敢。文學三蘇，長於議論。與黃太然李光甫等結社聯吟，王述庵司寇爲之訂定，名曰同岑詩選。著有蔣村草堂稿。國朝杭郡詩三輯二十九

蔣　楷　一名三益，字文隅，號夢花，清海寧人。監生。生而敏悟，好吟咏，兼善倚聲。有來青閣詩詞二卷。尤嗜古，得唐顏魯公清遠道士詩、宋蘇文忠圓覺經兩真蹟，俱勒石。嘗刻秀水朱彝尊南車草及徽堂和章，俱曝書亭集中所未見。此外經籍之善本，圖畫之精品收藏甚夥。遠近稱賞鑑家，必首屈一指焉。海寧州志稿卷二十九文苑

蔣　壂（　—1860）　原名維培，字寄厳，號季鄉，清南潯人。附貢生。性端謹不苟言笑，潛心經史，晨夕講肄校訂，問難不憚再三，丹黃未嘗少息。與其兄維基，共聚書各有萬卷。多精鈔舊刻，聞人有秘册，必宛轉借錄，儲藏日富。所著有唐藩鎮考、水經注碑目考、求是齋雜著等，並毁於兵燹。藏書亦大半煨燼。南潯志卷二十一

蔣之翹　字楚穉，秀水人。家貧好藏書，明末避盜村居，收羅名人遺集數十種，選有甲申前後集。又嘗重纂晉書校注、昌黎、河東集。嘉興府志輯檇李詩乘四十卷。晚年無子，書籍散佚無餘。詩乘亦亡，可歎也。靜志居詩話

蔣光焴　字寅昉，光照弟。亦好藏書，圖籍至數十萬卷。遭乱出走海上，泝江以至於楚，轉徙江漢之間，所至必以其藏書自隨。有敬齋雜著詩、小說一卷。海寧州志稿典籍十八

蔣光煦(1813—1860)　字日甫，一字愛荀，號生沐，自號放庵居士，海寧人。諸生。少時豪飲好客，凡音律、博弈、雜藝無不爲之。繼乃專意收藏金石書畫，積古籍十萬卷。所刻有翠玉堂英光堂殘帖、別下齋叢書、涉聞梓舊、甌香館集。著東湖叢記、花事草堂詩稿。兩浙輶軒續錄三四

蔣汝藻　號樂庵，清南潯人。觀堂集林卷二十二樂庵寫書圖序：「樂庵富收藏，精賞鑒，其藏書之所，曰密韻樓者，余嘗過而覺焉。其美富遠出嚴氏芳茱堂上，汲與吸古、述古抗衡矣。既又觀其手影魏鶴山大全集一百十卷，則又張目哆脣，舌撟而不得下。蓋海內藏書家如東庵者，屈

指計之，尚可得四五，至於手模宋本至百餘卷之多，非獨今所難能，抑亦古所未有者也。……是樂庵寫書，率在俶擾鞅掌之中，然首尾百餘萬言，無一筆苟簡，綿歷二年，卒潰於成。夫以世之苟且而慘促也如彼，君之精勤而整暇也如此，設以晦庵居士處此，未識能爲東庵之所爲否也？

蔣維基　字厚軒，號蟄安居士，清南潯人。工書畫。少好聚書，與其弟維培藏書數萬卷，多精本。其於鄉先輩著作，搜羅尤夥。有藏書印曰蔣胡子。南潯志卷二十一

蔣學堅　字子貞，清海寧人。累代藏書，有平仲圖書目。常與許仁杰合輯峽川詩續鈔。蟫林輯傳

鄧蔚齋　清象山人。好聚書，至千百餘萬卷。壬辛之亂，羣書遭慘劫。有晚翠軒書目。陳漢章綴學堂初稿

鄭　性(1665—1743)　字義門，號南溪，清慈谿人。寒村子。黃太冲先生藏書遭大水，卷軸盡壞，身後一火，失去大半。南溪理而出之。其散亂者復整，其破損者復完，得三萬卷。並鄭氏自子平先生以來家藏亦及其半，乃於所居之旁，築二老閣以貯之。全祖望二老閣藏書記

鄭　竺　字弗人，號晚橋，清慈谿人。諸生。自其先世濮州公以來，七葉皆有傳集。迄寒村先生尤以詩文爲一代鉅手。家有二老閣，藏書甚富。晚橋耳濡目染，迴非凡近。又所居饒園池之勝，名花奇石，位置楚楚，時招友朋觴吟其中。兩浙輶軒錄卷三十三

鄭　鑑（　—1350）　字景明，元浦江人。資性端愨，不事表暴，遇人一本於誠。早師方鳳，讀書務明體要。精于詩，夷淡淵永。部使者薦其文行，授衢州路江山縣教諭，不就。居田里間，泊如也。生平無他嗜好，惟聚書數千卷，蓄古法書、名畫、歷代金石刻甚富。築別業，蒔花種樹，引賓朋相羊其間。行酒賭詩，竟日乃罷。善行草，遇人求書，當微醉時，欣然命筆，題署大字，人以爲酷類張温夫。有正齋文集五卷藏于家。光緒浦江縣志稿隱逸傳

鄭若冲　字季真，自號夢溪，宋鄞縣人。少失怙恃，育於伯父章。方總角，已奇之。稍長力學，耻與舉子語。與同里汪大猷、陳居仁、樓鑰相善，後三人既貴顯，未常一造其門。自置書塾，聚書數千卷，延師訓子，雖卧病不廢書。嘗書壁自警云：「一日不以古今澆胸次，覽鏡則面目可憎。」卒年七十九。鄞縣志二七

鄭雍穀　字新泉，清餘姚人。工分隸，兼精篆刻。凡岣嶁匡刻、汲郡冢書、孔壁藏經以及鐘鼎盤鑑之銘辭渾奧而體奇崛者，靡不蒐羅掇拾，悉心參究，付之鐵筆。閱十年成印譜四卷，一時名人題詞成帙。夙有硯癖，一夕夢食破硯，因自號曰食硯狂生。偶得古玉印，文曰硯虹，遂名其齋曰硯虹葊，著硯虹葊藏硯錄。尤習岐黄術，自號壺隱。喜購書，纍纍印硯外，叢書插架，有好古之稱。餘姚六倉志卷四十二

十六畫

盧　址　字青厓，清乾隆間鄞縣人。諸生。博覽嗜古，尤喜聚書，建抱經樓藏書數萬，幾出天一閣上。邑令錢維喬纂縣志，多採擇焉。址又以志乘未能編及，日搜録鄞之文獻，都爲一集。晚年病目，令人誦讀於側而已聽之。工詩能詞，要實不失家數。鄞縣志四十三

盧　鎬　字配京，號月船，鄞縣人。乾隆十八年舉人，謁選授平陽學教諭。雪橋詩話三集卷八：「月船居士盧鎬嘗從謝山游，每歲假藏書鈔本至數百册以歸，盡讀之。樓中藏地志幾六百種，同治間修鄞志以補選舉人物傳頗多。董覺齋詩：『刦後猶存書萬册，浙東遺籍此樓孤。秦宮幸脫阿房火，粵海如還合浦珠。』蓋嘗爲楊氏所得，仍還樓主也。近世其子孫不能守，仍復散入人間矣。」

盧文弨（1717－1795）　字召弓，號磯漁，又號檠齋，晚號弓父，抱經其堂顏也，人稱曰抱經先生。乾隆壬申進士，歷官翰林院侍講學士。生平精于校讎，薈萃諸書校勘記曰羣書拾補。錢大經爲之序云：「抱經先生精研經訓，自通籍以至歸田，鉛槧未嘗一日去手。奉廩修脯之餘，悉以購書。遇有祕鈔精校之本，輒宛轉借録。家藏圖籍數萬卷，手自校勘，精審無誤，自宋次道、劉原父諸公，皆莫能及也。」武林藏書録卷下

諸來聘　字九徵，初名學聖，明末餘姚人。諸生。好學嗜古，居邑之第十堡，構昌古齋，藏書萬卷。與符如龍、諸如錦、周肇修諸奇士結社，互相砥礪，名動四方。著有精思樓詩集。餘姚六倉志卷三十一

諸葛行仁　宋會稽人，越中藏書有三家，曰左丞陸氏、尚書石氏、進士諸葛氏。紹興五年六月，布衣諸葛行仁進所藏書八千五百四十六卷，賞以官。後以其書入四明，子孫尤能保之。嘉泰會稽志卷十六

晗案，行仁事蹟無考，據會稽續志六政和八年榜有諸葛行敏，宣和六年榜有諸葛行言昆弟，則此布衣行仁，或即其族人也。

錢　龢　字呂仲，居九里松，建傑閣，藏書甚富。東坡榜之曰錢氏書藏。武林紀事

錢天樹　字子嘉，號夢廬，道光時平湖人。匏廬詩話卷下：「平湖錢夢廬上舍（天樹）子夜歌云：『笑指燈前花，開成合歡樹；更下一重帷，生怕天光曙。』極似唐人。夢廬精鑒別，收藏書畫各數萬卷，幾與曝書亭、天籟閣相埒。詩其餘事也。」著有是耶樓詩稿。

錢任鈞　字少衡，號星鈐，仁和人。嘉慶丁卯舉人，官三河知縣。星鈐性情豪爽，讀書穎悟過人。方伯某耳星鈐名，欲羅致門下，授意婉諷不應。某怒，將因事彈劾，晉謁時盱衡厲色，語輒齟齬，星鈐以手版投地曰：「我之功名以三篇文字換得來，又何足惜！」生平兀傲蓋如此。晚

年宦囊蕭然，惟積書萬卷而已。有金塗塔齋詩稿。國朝郡詩三輯二十七

錢泰吉(1791—1863)　字輔宜，自號警石，海鹽人。甘泉鄉人稿藏書述：「余六經粗畢，先大夫曰我有書數千卷在吴橋縣王氏，當取以畀爾。迨先大夫喪歸，過吴橋縣之連兒窩以書來歸，遂攜以南。籤排甲乙，先宜人顧而喜曰，兒好書，可以畢父兄之志矣。惜吾家耆英堂數萬卷盡屬他姓，否則恣所流覽也。歲丁卯世父得語溪吴氏黄葉村莊藏書，盡舉以賜。三十年來遇善本非力所不能購，必購藏焉。今雖不及儲藏家十分之一，而學舍中一堂二內，所以充棟者皆書也。」冷齋勘書圖記：「丁亥泰吉始爲海寧州訓導，先世遺書萬餘卷，盡攜之學舍中。取仇山村『宦冷身閑可讀書』之句以名其齋。」兩浙輶軒續録濮陽涝甘泉師冷齋勘書圖遺照子密世兄屬題有「舊德富收藏，圖書浩盈充。琳琅二萬卷擇精讐校工」之句。著有甘泉鄉人稿、學職禾人考、海昌備志、暴書雜記。

錢惟演　字希聖，謚文僖。宋咸平中獻其所爲文，拜太僕少卿，官至樞密使。惟演少富貴，能志於學。有文章，與楊億、劉子義齊名。嘗曰學士備顧問，不可不該博。故其家聚書侔於祕府。又多藏古書畫，在館閣與修册府元龜，凡千篇，詔楊億分爲之。所著有典懿集、樞庭擁旄前後集、伊川漢上集、金坡遺事録、飛白書敍録、逢辰録、奉藩書事。武林藏書録中

錢儀吉(1783—1850)　字藹人，號新梧，又號衎石，嘉興人。嘉慶戊辰進士，官刑科給事中。遇

事無徇庇，人憚其豐采。因公鐫級，絕意仕進。主講粵東學海堂、河南大梁書院，治經講求故訓。著經典證文、說文雅厭。流覽乙部，以章武偏安，暨大業未造，典禮缺如，撰三國晉南北朝會要。病通志堂經解采摭未備，搜羅宋元來說經家彙經苑一編，臯比數十寒暑。有仙蝶齋藏書所，自謂吾之長技，但可鍼炙文字耳。著刻楮集四卷、旅逸小稿二卷。兩浙輶軒續錄二五

駱象賢　字則民，明諸暨人。篤行好學，於書無所不窺。爲文直述事情，不求華緻。當斟酌六禮之要，表帥鄉俗，鄉人化之。爲園於楓溪之上，圖書滿屋。至老玩讀不輟。所著有羊棗集、篤終易覽、溪園遺稿、歸全集等書。紹興府志卷五十三

十七畫

應伯震(1217—1291)　字長卿，元鄞縣人。蚤悟，長從西軒黃先生受詩，深得本旨。眼空流輩，試輒黜，不自沮，所業益力。築花厓書院，藏書五千卷，延良師教子侄。家有來青館、濂愛軒、卷勺亭、抱甕圃，游息藏修，各適其所。有佳趣，寫之於詩。手抄及十四帙，曰我死而斂，當以祔。性直氣盛，不能佞人，晚逢百罹，隱約自全。卒年七十五。鄞縣志三十一

濮陽滂　字彝齋，清海寧人。諸生。富藏書，讐校精確，與同邑唐端甫仁壽爲錢警石學博入室弟子。學詩于應笠湖明經，火盡薪傳，淵源有自。兩湖輶軒續錄四四

薛 高　字寧仲，宋永嘉人。任連城簿，棄官而隱。讀書作文，至老不休。家有讀書樓，郡守樓鑰爲之記。陳謙贈詩有：「萬卷編抄高似屋，一門師友重如山」之句。温州府志卷二十隱逸傳

謝 鐸（1445—1510）　字鳴治，號方石，謚文肅，黄岩人。明天順甲申進士，入翰林院爲庶吉士，授編修。朝陽閣書目自序：「成化戊子冬我先人既作貞則堂以祇奉先大母之訓則，特于其東闢藏書之閣曰朝陽閣。蓋念先祖孝子府君之遺書無幾，而深有俟吾子孫于無窮也。越十有三年庚子先人棄諸孤，鐸歸自官，遂以中秘暨四方所得書置閣中。閣中遺書獨尚書、西漢書、韓柳李杜集各一部，皆殘缺不完。憶兒時尚及見先曾祖德一府君在廬州效杜子美七家歌詩皆墨稿，而今不可得矣。昔人謂積書以遺子孫，子孫未必能讀。鐸固未能讀者而併其書失之，豈不重可惜乎。乃以所存與今書類藏之，蓋自列聖訓誥六經子史以及漢唐宋諸名家之作具在已，無慮數千百矣。」所著有桃溪集、續真西山讀書記、伊洛淵源續録、伊洛遺音、四子釋言、元史元末宰輔沿革、國朝名臣事略、尊鄉録、赤城新志後集、詩集、論諫録、祭禮儀注、緦山集、朝陽閣書目。黄岩縣志，台州經籍志

鍾 麟　原名寶田，字琳圖，清長興人。道光己酉拔貢，咸豐辛酉順天副貢。少有神童之目，家富藏書，左圖右史，日供討索，學益淹通。經則深于爾雅，史則熟于南北朝，丹黄劄記，積成卷帙。以元史蕪雜重沓，擬彙正之。尤精小學，謂許氏說文爲通經之嚆矢。常著十三經正字

考，惜未卒業。長興縣志

十八畫

韓文綺　字蔚林，號三橋，仁和人。乾隆丙午解元，癸丑捷南宮，歷官右副都御史。以病請退，悠然林下。好藏書，築玉雨堂以儲之。武林藏書錄卷下

韓泰華　字小亭，文綺孫。由兵部郎歷官陝西糧儲道。公餘搜訪金石，忘其爲風塵中吏也。又訪求元宋名家之文，搜羅十餘年，得百數十家，半係傳鈔本，或四庫所無而元刊尚在者，爲元文選，以十家爲一集。道光庚戌首集既成，卽毀於燹，僅存目錄。著有金石錄、無事爲福齋筆談。武林藏書錄卷下

韓維鏞　字配賁，號銅上，又號銅士，平湖人。嘉慶甲戌進士，授湖北穀城知縣。生平博學好古，精于賞鑒，家有金䝴山房，金石書畫收藏甚富，人比之項氏天籟閣云。年七十卒。著有金䝴山房詩稿四卷。士禮居題跋記：「輿地廣記宋本第十八卷『改曰建雄軍』以上全缺。竹垞藏本歸乍浦韓配基，壬戌春余計偕北行，配基亦以辛酉選拔朝考入都，把晤京邸。許以前十八卷前寫寄，後余被黜南還，配基亦未得高等，彼此音問不通，至今不能補全，可慨也！」又云「韓應京兆試，中丁卯科舉人，在京邸求售，余託五柳主人爲余出百二十金購之。」又云「賈人從乍

浦韓氏得書數百種，盛稱中多舊本，有施諤臨安志、歸簡莊同人賦詩紀事。」

按韓配賁疑卽士禮居題跋記所記之配基，平湖縣志選舉表載配賁爲嘉慶辛酉拔貢，丁卯舉人，與配基籍氏科第全同，或題跋記校刊之失也。

韓廣業　字子有，一字桃平，明時人。其先本盧龍籍，隨父宦游，父歿，盡挾其小琅環書屋所儲書數萬卷渡江而南。奇陳元暎詩文，渡曹娥江訪之，遇於逆旅，遂偕之虞家焉。明季多聲氣之學，復幾諸社唱和率數千百人，廣業所交如紀伯業、譚佐羽皆枯槁寂寞之士。常慨函史名山藏諸書未詳備，推廣搜益自成一書，多至五百餘卷。詩力追唐音，大歷以後束庋不觀。所著詩文集多散佚。　上虞縣志卷十七

戴光曾　字松門，清嘉興人。貢生，官至河工同知。有省心齋藏書。　丁氏藏書志

戴昺屏　字保容，又字子薌，號旭東，光緒時臨海人。精卜筮，于鄉先輩著作極力蒐輯。蠅頭楷書，無日或釋。喜蓄書，撰愼餘書屋目一卷，載家藏各書凡一千六百餘部，分二十三類。每書僅記書名册數，不載撰人。　台州經籍志

戴殿江（1735—1819）　戴殿泗風希堂文集卷四伯兄履齋先生行述：「字襟三，號履齋，浙江浦江人。增廣生。幼從張泰卿學十餘年，繼交陳雪崖、周盤洲，晚與朱西崖先生尤相契焉。歲庚寅泗與二兄（殿海）遊杭，得先祖九靈山房遺集於古歙鮑氏，急以信告於兄，兄大喜，急謀梓

之。越壬辰竣工，則與泗條列遺事，作年譜一卷，並刻齊息園師水道提綱，皆是一年事也。泗輩遊杭，資斧本不多，以兄不吝，人遂以爲餘於財者。歲壬辰桐鄉汪氏有書五萬餘卷，索價千金，以告於兄。兄急命售之，貲之有無弗計也。於是藏書之富，甲於浙東六郡，而山水之知見始開明矣。所著有履齋文集十卷、永思軒文鈔八卷。」

瞿世瑛　字良玉，號潁山，清錢塘人。家雖素封，跡若寒素。手鈔罕見古書，以爲日課。積數十年，幾得千册。金石書畫，靡不考索。張叔未、徐問籧、汪驄卿常主其家，校刊東萊博議、帝王經世圖譜、陽春白雪，世稱善本。築清吟閣以儲書籍。曾編目録，計名人鈔本七百九十二種，批校鈔本四百七十五種，影宋元鈔本三十種，皆秘笈異本。而此外之古今版印之籍，不啻汗牛充棟矣。惜失於庚申之亂。有清吟閣詩一鈔。杭郡詩三輯，武林藏書録

豐坊　字存禮，後更名道生，字人翁，別號南禺外史，鄞縣人。嘉靖二年進士，官禮部主事。性嗜研墨，家有萬卷樓，藏書數萬卷。負郭田千餘畝，盡鬻以購法書名帖，心摹手追，夜以繼日。著有易辨、古書世學、魯詩世學、春秋世學、詩説等書。鄞縣志三十六

魏一愚　自號青門處士，至正間杭州人。醇懿靚深，恒懼外撓，閉置一室中如處女然，雖重客不得面。周親謁請，或一見卽退。平日危坐，閲所蓄書萬卷，默味其旨。其言行可爲人勸者，疏以示諸子。凡積爲若干頁。歿後三月而紅巾冠杭，處士之廬與堞舍同燬。武林藏書録卷中

十九畫

羅　梅　字聲甫，清富陽人。諸生。能文善書，工印刻，精鑒別。家蓄古書畫圖籍金石碑版甚富。梅嘗登樓摩撫。樓臨市，當歲除，人語譁甚，梅若不聞也。初師高秋水，後師武進張皐文，從讀吴山，通漢鄭氏、許氏、孔氏學。手抄書數十種。富陽縣志十九

羅以智　字鏡泉，新登人。道光乙酉拔貢，官鎮海教諭。工詩古文，尤愛離騷，嘗取騷注自王叔師而下二十餘家披閱之，謂其大半多臆説空言，愈解愈鑿，而騷之本義愈晦，識者以爲名言。生平天性淡定，無仕進意，晚益耽于經學。家富藏書，至以智尤孜孜羅集，聞有異本必借録之，丹黄握管，日夕忘疲，首題尾跋，備溯源委。于鄉邦掌故，爬梳益力，吉祥寶藏書目不下數千百種。庚申之劫，避居海昌而歿。書被劫，半售甬東，猶有存者，而書目已不可問矣。著趙清獻年譜、文廟從祀賢儒攷、新門散記、經史質疑、金石取見録、宋詩紀事補、詩苑雅談、説文偶經證、怡養齋詩集。新登縣志卷十五，武林藏書録卷下

譚學鎔　字範金，清麗水人。諸生。少穎敏工詩，遊學杭州歸，益勵學，購書數萬卷，假觀不吝。處州府志卷二十

闕　注　字子東，自號香岩居士，景仁子。紹興五年進士，官至大學博士。景仁多藏書，注承其

家學，益增其所未備。嘗教授湖州，與胡瑗之孫滁裒瑗遺書，得易解、中庸義藏之學官。又録瑗言行爲一帙，意在美風俗，新人材。有闕博士集二十卷行世。武林藏書録卷中

闕　槐　字柱生，號雲岩，又號晉軒，杭州人，乾隆庚子進士。入翰林後，由閣學擢禮部右侍郎。少得趙氏小山堂天文遺書，籌算筆算奇門遁甲凡三百餘種，因留心勾股之學。咸豐初其書次第散出，宋槧元雕頗多異册，並有内廷陳設退出之籍，白紙朱絲莊書精訂，非尋常所有。丁申曾得其零編殘簡數百種，旋亦失於辛酉之刦。武林藏書録卷下

闕景仁　字彦長，錢塘人。宋嘉祐四年進士，嗜學好古，藏書甚富。武林藏書録卷中

二十畫

嚴　沆（1617—1678）　字子餐，號顥亭，餘杭人。順治十二年進士，歷官户部侍郎。能詩善畫，嘗爲稽留山作留山堂圖，五越月始成。築别業曰皋園，中有清較樓，藏書萬卷。又有丁公池，宋先賢故址也。後諸子分居省城，康熙中同日被火，圖書遺集，遂無孑遺。著有奏疏十二卷、北行日録二卷、皋園詩文集四卷。兩浙輶軒録

嚴　澍　字伯藩，桐鄉人。貢生。桐溪詩述：「伯藩負大志，以讀書交友爲務。尤喜急人之急。藏書數萬卷，蒐討古今，娓娓忘倦。」著楹語山房集。兩浙輶軒續録三四

嚴元照　字修能，號九能，自號晦庵居士，清歸安人。諸生。元照治經史務實學，嘗受知於大興朱珪、儀徵阮元，江以南鄉先生有學者，聞其名咸折輩行引以爲友。住石冢村，創芳椒堂，聚書數萬卷，多宋元槧板。晚年移居德清，鍵户肆力於詩古文辭，讀書處名柯家山館，賓朋倡和無虛日。詩詞皆卓卓可傳，有柯家山館詩鈔。　兩浙輶軒續録三

嚴可均　字景文，號鐵橋，烏程人。嘉慶庚申進士。精於考據之學。弱冠即出遊，足跡半天下，南至嶺海，北出塞垣。歷受同邑姚文田、陽湖孫星衍校書之聘。道光二年赴建德教諭任，迨歸老而著書不輟。早年著唐石經校文、説文校義，刻以行世。又校輯經佚注佚子書等數十種，就中孝經鄭注最完善。四十餘年來所撰輯等身者，再合經史子集爲四録堂類集千二百餘卷。最後輯上古三代秦漢三國六朝全文，多至三千餘家，皆從蒐羅殘賸得來，一手校讎，不假衆力。購藏書至二萬餘卷。嘗謂宋板書不能得，校宋本以供譔述足矣。遺書未刻者多詩文集，曰鐵橋漫稿。　湖州府志人物傳文學二

二十二畫

龔佳育（1622—1685）　初名佳允，字祖錫，晚又字介岑，明仁和人。官光禄寺卿。性喜聚書，江寧學宮明德堂北，舊有藏書板殘闕，佳育選諸生磨勘，補成完書數百卷，又雕欽頒四書講義以

行。其爲政持論，利未可遽興，當先祛其弊。故所至有異績……而與人樂易，恂恂長者。一意當官，遏請屬，鋤豪强，嫉貪吝，人罕得以私干。然雅好延禮名士，幸舍常滿。聚書至萬餘卷。碑傳集四王士禎姜宸英撰光祿寺卿介岑龔公墓碑陰

龔翔麟(1658—1733)　字天石，號蘅圃，佳育子。康熙辛酉副貢，歷官御史。立朝有直聲，未幾罷歸。居橫河沈氏之庚園，園以玉玲瓏得名，宋花石綱物也。築玉玲瓏閣以儲書，更刻唐陸淳春秋集傳纂例、春秋微旨、春秋集傳辨疑、元趙汸春秋集傳補注、明朱睦㮮授經圖，爲玉玲瓏閣叢書。晚年移家張駝園，自號田居。有田居詩稿、玉玲瓏閣詞。武林藏書録卷下

江蘇藏書家史略

序言

大抵一地人文之消長盛衰，盈虛機緒，必以其地經濟情形之隆詘爲升沉樞紐。而以前輩導絜，流風輝映，後生争鳴，蔚成大觀，爲之點綴曼衍焉。以蘇省之藏書家而論，則常熟、金陵、維揚、吳縣四地始終爲歷代重心，其間間或互爲隆替；大抵常熟富庶，金陵、吳縣繁饒，且爲政治重心，維揚則爲鹺賈所集，爲乾隆之際東南經濟中心也。

中國印刷術與紙之發明，雖導源極早，然以工力繁重，巨編大册，往往非力弱者所能弆置，自來殿閣藏書，又深閟宫門，甯飽蠹魚，禁不借閱。民間則舍勅令所定之五經四書外，幾無他書足供絃誦。惟一般士大夫憑藉稍厚，每於昇平之際，肆意蓄書，往往積至數十萬册，奇文秘乘，有爲内府所無者。以是，中國歷來内府藏書雖富而爲帝王及蠹魚所專有，公家藏書則復寥落無聞，惟士夫藏書風氣，則千數年來，愈接愈盛。智識之源泉雖被獨持於士夫階級，而其精讐密勘，著意丹黄，秘册借鈔，奇書互賞，往往能保存舊籍，是正舛譌，發潛德，表幽光，其有功於社會文化者亦至鉅。

藏書之風氣盛，讀書之風氣亦因之而興，好學敏求之士往往跋涉千里，登門借讀，或則輾轉請託，迻錄副本，甚或節衣縮食，恣意置書，每有室如懸磬而弃書充棟者；亦有畢生以鈔誦秘籍爲事，蔚成藏家者。版本既多，校讐之學因盛，績學方聞之士多能掃去魚豕，一意補殘正缺，古書因之可讀，而自來所不能通釋之典籍，亦因之而復顯於人間，甚或比勘異文，發現前人誤失，造成學術上之疑古求真風氣。藏家之有力者復舉以付剞劂，輯爲叢書，公之天下。數百年來踵接武繼，化秘笈爲億萬千身，其嘉惠來學者至多。

漸而此風被及商販，刊上豪門，廣中洋賈，間亦揮霍多金，購藏典籍，開館延賓，屬以校刊。其用意雖爲附庸風雅，自躋士林，然其保存傳佈之功，固不可沒也。

繼而公家亦聞風興起，廣延學士大夫，設局刊書，與私家事業並行不悖。各地書賈亦競翻舊籍，刊印新書，由是學者皆得人手一編，潛心考索。藏書之家，插架亦因之愈富，學者苟能探源溯流，鉤微掘隱，勒藏家故實爲一書，則千數百年來文化之消長，學術之升沉，社會生活之變動，地方經濟之盈虧，固不難一一如示諸掌也。

年來讀書舊京，得恣覽公私家所藏典籍，頗留意於藏書家故實。去歲主編清華週刊文史專號，於忙遽中輯成兩浙藏書家史略三卷附行刊尾，就正海內學人，今年春復承袁守和先生之囑，更理舊所札記，輯爲江蘇藏書家小史一書，統凡得五百人，參引正史地志、詩文專集、小說野記、碑銘之屬凡數十百種，三易稿而就。所引原書，具列卷册，間有漏落，則以爾時札記偶遺也。所恨生晚，未獲與當世藏家游，僅憑所見書，爲之輯訂翦裁，容有疏略誤入。補苴訂定，請俟來日。倘蒙海內學者有以督責教正之，使爲完書，則幸甚。

民國二十二年五月五日辰伯識於清華園四院

二畫

丁璽　字伯符，江浦人。萬曆四年貢生。官訓導。篤志力學，藏書萬卷。著有希山吟。金陵通傳二一丁遂傳

丁雄飛　字菡生，璽孫。著古樂書，積書數萬卷。每出必擔簏囊載圖史以歸。居烏龍潭心太平庵，立古歡社，與黃虞稷互相考訂。其古歡社約序云：「予生有書癖，初識之無，便裁寸楮，裝小帙，聞保姆諺語或瞽女歌詞，挽人書之，藏襟袖間。九歲就外傅，師每日令作破，予總録一册，時秋葵正茂，私識曰丁先生葵窗所藝。王父見而大笑。十三歲隨先君子宦温陵，固文藪也，雖閉署中，先君子日搜典籍，得肆披閱，燈爐鷄鳴，率以爲常。凡手録者雖未等身，然已盈箸。十九歲自温陵反，積有金數鋌，一至虎林虎邱，見書肆櫛比，典册山積，五内震動，大叫欲狂，盡傾所積以易之。授室後，内子有同癖，結褵未十日，遂出匳中藏四笏畀予，向書隱齋得數抱而返。自後簪珥衿裙，或市或質，銷於買書寫書二事，内子欣然也。予是時積書二萬卷。先君子西去，遺書二十廚，取而匯焉。八十二部得廚四十，藏心太平菴中。庵凡三楹，二楹爲書所，據中一楹，置長几胡床，列丹黃，具香茗……」撰述甚富，著有尊儒帖、先聖靈異録、蒲團菴生意、霜舲日札、江湄舊話、琴鶴鄉牘史、祀社通考、燧人遺意、需郊欵日録、繪瘼小言、輿史詩

删、小喜酣半吟、珠泉志、烏龍潭志、青涼山志、湖熟志、蘭書、蕉史、櫻桃薈、蟹譜、古今賢妾傳、古今義僕傳、矜情録、旦氣宗旨、佩筆遊、雪譚夜集、鷗園借記、二泉志、心太平庵行行册、倦眉居士月策，計九十八種。又讀書饞筆五十卷。所積書有古今書目十卷。金陵通傳二二丁遂傳

四畫

尹祖洛　字小莘，清松江人。諸生。少孤好學，聚書二萬卷，手自校讐。又與同人剏義塾全節堂於郡城。卒年六十八。松江府續志二十四

毛　晉　字子晉，原名鳳苞，字子九，常熟人。諸生。好古博覽，構汲古閣目耕樓，藏書數萬卷。延名士校勘，開雕十三經、十七史、古今百家及從未梓印諸書。天下之購善本者必望走隱湖毛氏。所用紙歲從江西特造之，厚者曰毛邊，薄者曰毛太，至今猶延用其名不絕。推官雷某贈詩曰：「行野漁樵皆謝賑，入門僮僕盡鈔書。」所著有和古今人詩、野外詩題跋、虞鄉雜記、隱湖小志、海虞古今文苑、毛詩名物考、宋詞選、明詩紀事，共數百卷。其所藏舊本宋本元本以橢圓印別之，又以甲字印鈐於首。其餘藏印用姓名及汲古字以十數。別有曰子孫永寶、曰子孫世昌、曰在在處處有神物護持、曰開卷一樂、曰筆硯精良人生一樂，曰彘谿、曰弦歌草堂、曰仲雍故國人家、曰汲古得修綆。常昭合志稿卷三二

毛扆　字斧季，晉子。耽校讐，有海虞毛扆手校及西河汲古後人、叔鄭後裔諸朱記者皆是也。兼精小學，何義門輩皆推重之。常昭合志稿卷三二

尤袤　字延之。紹興十八年進士。嘗取孫綽遂初賦以自號。光宗書扁賜之。有遂初小稿六十卷、內外制三十卷。諡文簡。宋史本傳

紹興十八年同年小錄，第三十七名尤袤字延之，小名盤郎，小字季常。本貫常州無錫縣開化鄉白石里。

直齋書錄解題，遂初堂書目一卷，錫山尤氏尚書袤延之，淳熙名臣，藏書至多，法書尤富，嘗燼於火，今其存無幾矣。

陳景雲絳雲樓書目注，遂初堂扁額，宋寧宗御書也。堂在無錫九龍山下。

毛幵遂初堂書目序：「延之始自青衿，迨夫白首，嗜好既篤，網羅斯備。日增月益，晝誦夜思，重之不以借人，新若未嘗觸手。耳目所及，有虞監之親鈔，子孫不忘，多杜侯之手校，表層樓而儷富，託名山而共久，不已盛乎。」

孔文昇　字退之，元溧陽人，孔子五十四世孫。父宗善爲建康路教授，文昇爲建康書椽，因家岊山。子克齊字行素，一字靜齋，贅於沈氏，憲司薦授黃岡書院山長，召爲國史編修，撰至正直記四卷。開有益齋讀書志

至正直記：「吾家自先人寓溧陽，分沈氏居之半以爲別業，多蓄書卷，平昔愛護尤謹，雖子孫未嘗輕易檢閱，必告於先人，得所請乃可置於外館。晚年子弟分職任於他所，惟婢輩幾人在侍。予一日自外家歸省，見一婢執選詩演半卷，又國初名公柬牘數幅，皆剪裁之餘者。急叩其故，但云某婢已將幾卷褙鞋幫，某婢已將幾卷覆醬瓿。予奔告先人，先人曰吾老矣，不暇及此，爾等居外，幼者又不曉事，婢妮無知，宜有此哉。不覺歎恨，亦無之如何矣。」

文　彭　字壽承，號三橋，明長洲人，徵明子。善書，以貢授秀水訓導，擢南京國子助教，卒年七十六。王世貞吳中往哲傳 其藏書印曰漁陽子、曰清白堂。藏書紀事詩二

文　嘉　字休承，號文水，明長洲人。徵明子。畫得待詔一體，以貢授烏程訓導，擢和州學正，乞歸。卒年八十三。王世貞吳中往哲傳 有嚴氏書畫記。其藏書印曰歸來堂、曰文水衜人、曰肇錫余以嘉名。藏書紀事詩二

文元發　字子悱，明長洲人，彭子。官衛輝同知。鷗陂漁話 其藏書印曰三楚精神。藏書紀事詩二

文伯仁　字德承，號五峯，又號葆生攝山老農，明長洲人。徵明姪。式古堂書畫考 其藏書印曰元珠室、曰五峯山人，或曰五峯樵客、曰雙玉蘭堂。藏書紀事詩二

文從鼎　字定之，明長洲人。嘉孫。萬曆甲午舉人。其藏書處曰顧賢堂，曰心遠閣、曰惜陰齋。藏書紀詩二

文徵明 初名壁，以字行，更字徵仲，別號衡山。明長洲人。幼不慧，稍長穎異挺發，學文於吳寬，學書於李應楨，學畫於沈周，又與祝枝山、唐寅、徐楨卿輩相切劘，名日益著。正德末巡撫李充嗣薦授翰林院待詔，乞休歸，四方乞詩文書畫者接踵於道，文筆徧天下。嘉靖三十八年卒，年九十。明史卷二八七

待詔藏書引首皆用江左二字長方印，或用竹塢印，或用停雲圓印。其餘藏印曰玉蘭堂、曰辛夷館，曰翠竹齋、曰梅華屋、曰梅溪精舍、曰玉磬山房，又有煙條館一印，見天祿琳琅明刻文選，又有悟言室一印，惟庚寅吾以降一印臨池用之，藏書不常見也。藏書紀事詩二

文震孟 字文起，號湘南，明長洲人。元發子。天啓二年殿試第一，授修撰，歷官東閣大學士，謚文肅。明史二五一 其藏書印曰石經堂、曰兩月平章。藏書紀事詩二

王昶 字德甫，號述庵，一字蘭泉，又字琴德。青浦人。乾隆甲戌進士，官刑部侍郎。漢學師承記 嘗有一印云：「二萬卷，書可貴；一千通，金石備。購且藏，劇勞勩。願後人，勤講肄。敷文章，明義理。習典故，兼游藝。時整齊，勿廢置。如不材，敢賣棄；是非人，犬豕類。屏出族，加鞭箠。述庵傳識。」東湖叢記

王雲 字時望，明吳江人。好古力學，早歲能詩，與沈石田、周白川友。居家孝友，所積書數千卷，皆評閱數過，丹黃相覆。學者稱葵南先生。嘉靖中卒，年七十六。松陵文獻卷十

王　堃　字翼清，清江陰人。道光壬辰舉人，任崇明高淳教諭。藏書三萬餘卷，一一手加丹黃。藝風堂文續集二王生吉臣家傳

王　鏊　字濟之。明吳人。成化乙未進士第三，授編修，累官至大學士。卒贈太傅，謚文恪。明史一八一

天祿琳琅玉臺新詠，密行細字，清朗照人。明王鏊藏本。有濟之印，又有御題文學侍從印，御書「渭北春天樹，江東日暮雲；何時一樽酒，重與細論文」二十字印。又明刻六子全書有吳趨橢圓印、三槐之裔大宗伯章方印。又有王濟之圖書、三槐堂印、震澤世家印、顏樂堂印諸朱記。藏書紀事詩二

王　寵　字履吉，號雅宜，吳縣人。少學於蔡羽，居林屋者三年，既而讀書石湖，由諸生貢入國子。明史二八七文徵明傳於書無所不窺，手寫經書皆一再過。嘉靖癸巳年四十卒。文徵明甫田集三一王履吉墓誌銘滂喜齋藏宋刻雲齋廣録有王履吉印、鐵硯齋二朱記。

王　藻　字載揚，平望人。好爲詩。初業販米。嘗題桃源圖，編修沈汝本見之，極口延譽，遂游京師。乾隆元年薦舉博學鴻詞，罷歸。好蓄宋板書。蘇州府志人物傳

王世貞　字元美，號鳳洲，太倉人。生有異稟，書過目終身不忘。年二十二舉嘉靖二十六年進士，授刑部主事。官至南京刑部尚書，移疾歸，萬曆十八年卒於家，年六十五。吳晗王世貞年譜

有小酉館，在弇州園凉風堂後，凡三萬卷，二典不與，構藏經閣貯焉。爾雅樓庋宋刻書，少室山房筆叢經籍會通四所藏有宋本兩漢書，爲世貞九友齋中第一寶。後歸天祿琳琅。天祿琳琅漢書宋刻本跋其藏書每以貞元二字印鈐之，又別以伯雅、仲雅、季雅三印。東湖叢記

王世懋　字敬美，號麟洲，太倉人，世貞弟。嘉靖三十八年進士。太常少卿。萬曆十六年卒。王世貞年譜所藏多宋梓，少室山房筆叢經籍會通四有牆東居士印。

王昌紀　字永侯，康熙時上海人。諸生。圻孫。孝友純誠，纘言勵行。圻博綜羣籍，而昌紀復手輯藏書萬餘卷，蠅頭細書，至老不衰。撫梅蒔竹，以訓其子。申酉以後，足跡未嘗一入城市也。所著有談史掄珠十卷、閱古掄珠十二卷、類海一百卷、增補甲子會記一卷、易經大全注疏合參二十卷、詩經大全注疏合參三十卷，俱藏於家。年八十六卒。松江府志五六

王如椿　字問庭，號北堂，清山陽人。性冲淡，有雅致。與人交不輕言，言必平實可法。家多藏書暨前賢墨蹟碑版字帖。精心考定，得之者珍如拱璧。山陽縣志一〇

王孝詠　字慧音，清吳縣人。喜藏書，天祿琳琅續編、通鑑紀事本末宋板元印有王印孝詠、慧音兩朱記。著有嶺西雜記。

王延喆　字子貞，鏊長子。池北偶談：「明尚寶少卿王延喆，文恪少子也。其母張氏，壽寧侯鶴齡之妹，昭聖皇后同產。延喆少以椒房入宮中。性豪侈，一日有持宋槧史記求鬻者，索價三百

金。延喆紿其人曰：『姑留此，一月後可來取直。』乃鳩工就宋本摹刻，甫一月而畢。其人如期至，紿之曰：『以原書還汝。』其人不辨真贋持去。既而復來曰：『此亦宋槧而紙差不如吾書，豈誤也？』延喆大笑，告以故，因取新雕本數十部散置堂上示之曰：『君意在獲三百金耳，今如數予君，且爲君書幻千萬億化身矣。』其人大喜過望。今所傳有震澤王氏摹刻印即此本也。」

錢泰吉王刻史記跋：「文恪後人有居海昌者，假其家譜觀之。延喆字子貞爲文恪長子，以蔭入官，由中書舍人擢太常寺右寺副，出爲兗州府推官，謝病歸。子有壬爲尚寶寺丞，贈如其官，故王氏稱子貞爲尚寶公。今觀跋尾述文恪語謂吳中刻左傳，郢中刻國語，閩中刻漢書，而史記尚未板行，延喆因取舊藏宋刊，重加校讐，翻刻於家塾。則宋本爲文恪舊藏。又言工始於嘉靖乙酉臘月，迄丁亥之三月，則亦非一月而成。子貞早歲豪放，世傳其逸事，漁洋遂筆之於書，如謂延喆爲尚寶少卿，文恪少子，亦考之未審也。」

王迺昭　明常熟人。善書法，喜鈔書，金孝章贈之詩云：「虞山有客王髯叟，歷落嶔奇世無偶。孤蹤暫寄童子師，所急初非爲升斗。平生苦愛屬奇書，見輒相誇得某某。叢函巨軸姑舍諸，小品遺編時在口。閑來袖錢向書肆，目涉手探凝立久……童叟苦心能愛書，鑒別收藏尤不苟……寓樓朝暮總看山，挂畫攤書增二友……」春草閑房集贈樂飢翁一首

王者輔　字惺齋，清金陵人。官知府，以罪遣戍吉林。王貞儀書先大父惺齋公讀書記後云：「吉

林捐館後，藏書七十五櫃，德卿（貞儀字）護持而涉獵焉。」開有益齋讀書志五

王時敏　字烟客，明太倉人。文肅公錫爵之孫，衡之子，以門蔭官璽丞。工詩，善楷隸山水。明畫録吳偉業和王大常西田雜興韻，其六云：「蕭齋散帙知耽癖，高座談經早解圍。」天祿琳琅續編，內經素問有婁東掃花庵鑒賞、王時敏印、烟客氏朱記。平津館鑒藏書籍記，通典詳節有王時敏鑒賞書畫記印。

王家枚　字吉臣，號寅孫，清江陰人。埅孫。光緒甲午舉人。嗜書成癖，以館穀之資盡置書籍，見異編必重值購歸。所著有國朝漢學歸承記續編一卷、重思齋詩文集六卷。光緒丁未卒，年四十二。藝風堂文續集二王生吉臣家傳

王聞遠　字聲宏，號蓮涇，又號灌稼邨翁，蘇州人。富藏書，有孝慈堂書目傳世。藏書紀事詩四

王鳴韶　字鶚起，自號鶴溪子，清嘉定人。生平喜鈔書，所收多善本。潛研堂集四八鶴溪子墓誌銘

王僧儒　南朝梁丹徒人。官至尚書左丞兼御史中丞。年五歲，初讀孝經，問授者此書何所述？曰論忠孝二事。僧儒曰：「若爾，願常讀之。」七歲能讀十萬言。及長篤愛墳籍，聚書至萬餘卷，多異本，與沈約任昉家書埒。少篤志精力，於書無所不覩。其文麗逸多用新事，人所未見者。普通二年卒。丹徒縣志二五

王應奎　字東溆，清常熟人。顧士榮柳南隨筆序：「吾友王君東溆，隱居於李墓塘之濱，距縣治

四十里。百年地僻，柴門書掩，雖近市廛，如處岩壑。吳門沈確士先生題其草堂曰柳南，取君家右丞詩句也。堂中積書萬軸，經史百家略具。君以四几周身，堆書及肩，而埋頭其中，緪歲兟兟，不知户外。搜討既富，溢力著述。詩歌古文，既已取次成帙，多於束筍矣，而以其緒餘成隨筆六卷。……」

王謙吉　字萬服，清江陰人。生性純孝而好蓄書，築環山樓藏書萬卷。名流過訪無虛日。江陰縣志一八

王錫祺、字壽萓，清清河諸生。世居山陽。性明敏，喜度曲，尤淫於書。工詩古文詞，試輒冠其曹。嘗編山經地志爲輿地叢鈔，都百十萬言。又采前人未刊遺書著爲小方壺齋叢書。自鑄鉛版印行之，一時紙貴。家故素封，有園林之勝，譚詩説劍無虛日，垂簾合坐，圖籍縱橫，丹黄不去手，見者比之玉山草堂。以是傾其資，客游落魄以死。山陽縣志一〇

王獻臣　字敬止，明吳縣人。以錦衣衞籍舉宏治六年進士，授行人，擢御史，巡大同邊。嘗令部卒導從遊山，爲東廠緝事者所發，謫上杭丞，再謫廣東驛丞。武宗立，遷永嘉知縣。量移高州通判，致仕。蘇州府志八〇

平津館鑒藏書籍記，經籍考有吳門王獻臣家藏書印、詩禮傳家、王氏圖書子子孫孫永寶之、虞性堂書畫記四朱印。

五畫

甘　福　字德基，號夢六，清江甯人。國棟子。生而嗜樂慕古，蓄書極富。後人談收藏者猶稱甘氏津逮樓焉。著有保彝齋日記、鍾秀録及津逮樓書目十八卷。續江甯府志孝友傳

甘　熙　字實庵　清江甯人。福子。道光十九年進士。以知縣籤分廣西。二十七年選戶部廣西司，兼雲南司主稿。熙博學強記，勤事纂述。與同里金鼇、朱緒曾善。同搜輯鄉邦文獻，證析異同。爲文詳瞻典雅，切中事理，而於一方利病尤所究心。洎官輦轂，獲交當代名德，自朝章政典，民俗沿革，嘉言微行，隨所覩記，録成巨帙曰日下雜録。尤嗜金石，輯三代秦漢以下彝器珉石題詠之作，爲書四十八卷。著有忠義孝弟祠傳贊、白下瑣言、靈谷寺志，及壽石軒詩文集八卷。江甯府志卷十四之八

開有益齋讀書志卷三靈谷寺志序：「實庵家有藏書數萬卷，金石鼎彝充牣璀璨。」

甘國棟　字遴士，清江甯人。家有津逮樓，積書至十餘萬卷。續纂江甯府志人物傳

史　鑑　字明古，明吳江人。於書無所不讀，而尤熟於史。家居水竹幽茂，亭館相通。客至，陳三代秦漢器物及唐宋以來書畫，相與鑒賞。好着古衣冠，曳履揮麈，望之以爲列仙之儔也。居西村，人稱西村先生，有西村集。藏書紀事詩二

平津館鑒藏書籍記，元本南史有史鑑之章、子孫保之、西史村人三印。

史元楷　字幼芳，清宜興人，卜居南郊，旁臨清池，老樹皆合抱，前後集梅桃梧桂數本，名之曰澹園，中藏法書圖畫及古書數千卷。著詩古文詞一帙。宜興縣舊志八

史兆斗　字辰伯，鑑之後，徙居長洲。博雅多藏書。康熙初卒，年八十餘。汪苕文曰：此翁死，吴中文獻絶矣。池北偶談

辰伯少受學於劉鳳王穉登。爲諸生不得意，卽棄去。喜蓄書，所購率皆秘本。或手自繕録，積至數千百卷。齋居蕭然，惟事讐校。或偶有所得，輒作小行楷，疏注其旁。堯峰文鈔三四史兆斗傳

史臣紀　字載之，明吴縣人，號鹿甲居士，與黄淳父友，多藏書。藏書紀事詩二

田茂遇　字楫公，號髴淵，青浦人，順治丁酉舉人。授山東新城知縣，不赴。薦試鴻博。歸築水西草堂，藏書萬卷，日事觴詠。所著有高言集、清平詞、燕臺文鈔、水西草堂集。耆獻類徵四二六王廷韶撰田茂遇傳

司馬泰　字魯瞻，一字西虹，晚號龍廣山人，江甯人。嘉靖癸未進士，官至濟南知府。致仕歸，築園名曰懷洛。藏書極富。編次文獻彙編一百卷、續百川學海三十卷、廣説郛八十卷、古今彙説六十卷、再續百川學海八十卷。書多秘册，有東坡論語解四卷，與羅太守鳳、吴參議汝嘉、

焦太史澹園俱號充棟。有南都英華、南都野記、風雅會編、護龍河北雜言、蔭白堂稿四十卷、雜識録、西虹視履百録、知次録、山居百詠、龍廣山人小令諸集。金陵詩徵一九

六畫

伊　侃　字士剛，明長洲人，正統初擢甲科，給事禁中。伊氏自沭陽徙吴中，歲久遂爲著姓。其居城西之通波坊，家多藏書，多延接郡中儒流。吴寬家藏集卷四十二伊氏重修族譜序

安　國　字民泰，明無錫人。富幾敵國。居膠山。因山治圃，植叢桂於後岡，延袤二里餘，因自號桂坡。好古書畫彝鼎，購異書。無錫金匱縣志二五嘗刊初學記，板心上標「安桂坡刊」，每卷標題之下，又稱錫山安國校刊。天禄琳琅安國所刊書又有熊朋來集、吴中水利書。藏書紀事詩三

安　璿　字孟公，無錫人。坐卧罨畫樓，藏書萬卷。無錫金匱縣志卷二十二

朱　奐　字文游，清吴縣人。與惠棟爲莫逆交。士禮居藏書題跋記經典釋文家有滋蘭堂，藏書甲吴中。吴門補乘常熟錢遵王、毛子晉、席玉照、陸敕先、馮定遠、曹彬侯各家書散出，文游視裝訂籤題根脚上字，便曉屬某家某人之物。顧廣圻題清河書畫舫

朱之赤　字卧庵，清吴縣人。學問淵雅，通天文術數，多藏書。藏書紀事詩四

朱士端　字銓甫，毓楷子，清寶應人。姚元燮贈朱銓甫同年有：「大江南北推名士，家世青箱萬

卷藏」春雨樓叢書題辭之句。所著有疆識編四卷、續編一卷、說文校定本十五卷、宜祿堂收藏金石記六卷、補編一卷、吉金藥石山房文集一卷、吉金藥石山房詩集二卷。

朱之璣　字懷堂，清寶應人。春雨樓叢書朱士端撰棗花書屋詩集跋：「先曾祖蚤歲困場屋，考授州同知，絕意仕進。迺縱游山水，晚歲輯容齋，聚書萬卷。作詩數百首，分游覽、贈答、感傷、閑適四門，顏曰棗花書屋詩集。」

朱大韶　字象元，號文石，華亭人。嘉靖二十六年進士，選庶常，授檢討。以親老，改南雍司業。未幾，解任歸，築精舍，構文園，以友朋文酒爲事。晨起登閣，手丹黃校勘異書數葉，始就櫛盥。松江府志五三性好藏書，尤愛宋時鏤版。訪得吳門故家有宋槧袁宏後漢紀係陸放翁、劉須溪、謝疊山三先生手評，飾以古錦玉籤，遂以一美婢易之，蓋非此不能得也。婢臨行題詩於壁曰：「無端割愛出深閨，猶勝前人換馬時；他日相逢莫惆悵，春風吹盡道傍枝！」象元見詩惋惜，未幾捐館。遜志堂雜鈔有橫經閣收藏書籍記。

朱存理　字性甫，明長洲人。不業仕進，聞人有奇書，輒從以求，以必得爲志。或手自繕錄，動盈筐篋，羣經諸史下逮稗官小說無所不有。尤精楷法，手錄前輩詩文，積百餘家。他所纂集有經子鉤元、吳郡獻徵錄、名物寓言、鐵網珊瑚、野航漫錄、鶴岑隨筆，總數百卷。正德癸酉卒。文徵明甫田集二九朱性甫先生墓誌銘性甫從杜瓊先生游，有異書，手自繕録，既老不厭。而坐貧無以自資，其書旋亦散去，每撫之歎息。列朝詩傳丙祝希哲贈之詩云：「書鈔滿篋皆親手，詩草隨身半在舟。」靜志居詩話

朱長文　字伯元，吳縣人。年十九，擢嘉祐四年乙科進士，吏部限年未即用。既冠，授秘書省校書郎。丁父憂，家居凡二十年。簽室郡治西偏，故吳越錢氏金谷園，知州章岵表曰樂圃，鄉人遂稱爲樂圃先生。元祐中起本州教授，州有兩教授，以長文故也。長文資禀忠樸，雖在布衣，慨然有用世志。暨出仕，以田疇委諸弟，惟藏書二萬卷，書倣顏魯公。所集周穆王以來金石遺文名人筆跡，作墨池閱古二編藏于家。蘇州府志七七。

朱良育　字叔英，明吳縣人。正德中貢生。有草堂詩集十卷。蘇州府志選舉類多藏書，有吳郡西𡺫朱朱榮書畫印，叔榮、西𡺫、吳郡朱朱英西𡺫草堂各朱記。藏書紀事詩二

朱承爵　字子儋，號舜城漫士，又號左庵，明江陰人。文徵仲稱其爲文古雅有思致。無聲詩史其藏書處曰存餘堂，曰行素齋，曰集瑞齋。天祿琳琅

朱堯民　名凱，明長洲人。不業仕進，又不隨俗爲壓井小人之業。日惟挾册呻吟，求昔人理言遺事而識之。素高資，悉費以資所好，不恤也。正德壬申卒。甫田集朱性甫先生墓誌銘

朱毓楷　字幼則，清寶應人。凡八試金陵，不遇。迺從汪容甫以古學相砥礪，典衣買書，積至萬卷。著有讀書解義一卷。乾隆己卯生，嘉慶己巳卒。春雨樓叢書吉金藥石山房文集先府君傳略

朱慶昌　字星六，清寶山人。國學生。嗜藏書。詹事錢大昕，以小萬卷樓顏其齋。嘗輯先正格言爲茹古集，未竟卒，年六十八。寶山縣志卷十

朱緒曾　字述之，上元人。道光二年舉人。一目十行，無書不覽。所居秦淮水榭，藏書十數萬卷，丹黃斠畫皆精審。官浙水時又獲鈔文瀾閣本，故所藏弆宋元秘笈，多外間所罕見者。甘元煥讀書續志跋累官秀水孝豐知縣，有循聲。陸心源開有益齋讀書志跋咸豐癸丑太平軍陷江甯，慨收藏之灰燼，因就旅次所存，日夕閱覽，綴其大旨，筆于別簡，其假自友朋者亦爲題記，成開有益齋讀書志六卷、金石文字記一卷。劉壽曾跋其書仿郡齋讀書志之例而精核過之。陸心源跋咸豐十年，太平軍破杭州，客死山陰。張文虎舒藝室詩存五感逝詩注

朱遵度　遵度本青州書生，好藏書，隱居不仕。保大中卜築金陵。著鴻漸學記一千卷、羣書麗藻一千卷、漆經數卷。焦氏筆乘金陵舊事

藏書紀事詩一，昌熾案，書錄解題羣書麗藻崔遵度編。焦氏崔作朱，未詳。

朱繼暐　李杲墨莊記，朱君愚溪比部員外莘園公之六子，博雅好古，居郡城之南。新治小軒於其堂之後，藏書頗多，遂取宋人劉式事以墨莊名之，而揭岳忠武王書墨莊二字，重摹勒石。又朱刑部傳，君諱成家，字宣之，又字莘園。其先新安人。祖台日家於吳。父啓亮字立庵。君卒年五十七。子八人：緒、繼昭、繼暉、繼晟、勳、繼暐、繼暄、繼暖。

江　正　揮麈後録樊若水夜釣采石。世多知之。宋咸笑談録云，李煜有國日，樊若水與江氏子共謀，江年少而黠，時李主重佛法，卽削髮投法眼禪師爲弟子，隨入禁苑，因遂得幸。法眼示寂，代其主持建康清凉寺，號曰小長老，眷渥無間。凡國中虛實盡得之。先令若水走闕下，獻下江南之策，江爲内應。其後李主既俘，各命以官。江後累典名州，家於安陸，子孫亦無聞。鄭毅夫爲江氏書目記，載文集中云，舊藏江氏書數百卷，缺落不甚完。予凡三歸安陸，大爲搜訪，殘帙遺編，往往得之，閭巷間無遺矣。僅獲五百十卷，通舊藏凡千一百卷。江氏遺書具此矣。

江氏名正，字元叔，江南人。嘗爲越州刺史，越有錢氏時書，正借本謄寫，遂并其本有之。及破江南，又得其逸書，兼吴越所得，殆數萬卷。老爲安陸刺史，遂家焉。盡輦其書，築室貯之。正既歿，子孫不能守，悉散落於民間，火燔水溺，鼠蟲齧棄，并奴僕盜去，市人裂之以藉物，有張氏者所購最多，其貧乃用以爲爨，凡一篋書爲一炊飯，江氏書至此窮矣。然予家之所有，幸而僅存者，蓋自吾祖田曹始蓄之，至予三世矣。於予則固能保有之，於其後，則非予所知也。故記盛衰之迹，俾子孫知其所自，則庶乎或有能保之者矣。

書多用由拳紙，方册如笏頭，青緗爲標，字體工拙不一。史記、晉書或爲行書，筆墨尤勁。其末用越州觀察使印，亦有江氏所題。余在杭州，命善書者補其缺，未具也。

明清案，馬令南唐書及龍袞江南野史云：「北朝聞李後主崇奉釋氏，陰選少年有經業口辯者往化之，謂之一佛出世，號爲小長老，朝夕與論循環果報。後主因是襟懷縱脱，兵機守禦之謀，恍然而施，及王師圍城，後主乃鴆殺之。觀宋鄭所記，則知李氏國破之際，所鴆者非真，又以計免而歸本朝，遂饕岳牧之任也。」

江　立　字玉屏，號雲溪，舊居杭州，移籍儀徵。有宋板金石録，因題其齋曰金石録十卷人家。著小齊雲山館詩鈔。淮海英靈集

江　標　字建霞，號師鄦，又自署笘誃，元和人。光緒己丑進士。官編修，視學楚南，未報命，以病卒，年未四十。童時讀書外家，舅氏華蘅秋先生名翼綸，家富藏弆，耳濡目染，遂精鑒別。其嗜書出於天性，真知篤好，宋元刻本舊鈔舊校源流真贋，暸如指掌。奉使三湘，不名一錢，歸裝惟有輯刊靈鶼閣叢書五集五十六種而已。碑傳集補九葉昌熾江標建霞事實

江　藩　字子屏，號鄭堂，甘泉人，藏善本書甚多，乾隆乙亥丙子間頻遭喪荒，以之易米，書倉一空。江藩石研齋書目序吴嵩梁爲之詩云：「藏書八萬卷，讀書三十年。躬耕無一畝，賣文無一錢。吾儕抱書死亦得，忍令儒林少顏色。高堂況有垂白親，負米窮途感晨夕。元鈔宋槧逮籤厨，全家不飽惟自娛。一朝割愛換升斗，十年感舊增欷歔。」香蘇山館集

江　聲　字飛濤，號白沙，清常熟人。性嗜書，得秘本輒手鈔，校勘精確。曾從蕭姓，故有蕭江

聲讀書記及飛濤白沙諸朱記。詩文之外尤以畫竹篆刻，有名邑中。顧文淵極稱之。著有匏葉齋稿。常昭合志稿卷三十二藏書家

江惟清　字仲濂，武進人。萬曆間舉明經，不仕。孫愼行、錢一本講學書院，必推惟淸首座。家藏書至萬卷。嗜名畫法書，終日臨摹不輟。其文筆人咸寶之。年八十五卒。武進陽湖縣志二三

江德量　字成嘉，號秋史，淸儀徵人。淸乾隆庚子進士，授編修，歷官御史。博雅好古，富於鑒藏金石書畫，多蓄精本。晚晴簃詩匯卷一〇二

七畫

冷士嵋　字又嵋，號秋江，丹徒人。明諸生。冷氏自文江公薦入南雍，著周易集解、性理宗辨諸書，著聲太學。藏書三萬餘卷。至又嵋古詩宗漢魏，近體祖初盛，孤行介立，屏居江澥，故人多莫知又嵋，又嵋亦誠不欲使人易知者。著江泠閣詩文鈔。江蘇詩徵一一六

余蕭客　字仲林，別字古農，人稱盲先生，淸吳縣人。年十五通九經。聞有異書，必假鈔錄。同邑朱奐藏書甲吳中。館之滋蘭堂，因得博覽。手一編終夜不寢，遂患目。構一室，無窗户，上穴一方，以通天光。設修几，書册鱗次，潛心研究。爲古經解鉤沈。吳門補乘

何　金　字蘭芳，淸丹徒人。少穎悟，纔數歲能讀等身書；制舉義援筆立就。年十六丁父艱，哀

毀骨立，日就羸弱，遂絶意進取，爲詩歌自娛。藏書數萬卷，手自編校，窮日不倦。與同里楊榮、柳榮宗友善，每有疑義，互相質証，著述甚富。丹徒縣志

何　鈁　字子宣，常熟人。嘉靖乙卯舉人，知温州之平陽縣，升南京錦衣衞經歷，淮王左長史。錢謙益故淮府左長史何公墓誌銘

鐵琴銅劍樓書目，三朝北盟會編邵恩多跋曰，季滄葦家鈔本，每葉有何子宣騎縫印者最古。

何　雲　字士龍，明常熟人。祖錞好藏書，多善本。雲服習家教，自少卽能爲古文。錢謙益愛其才，延致家塾。謙益被訐下獄，雲草索相從，世以比郭亮王咸焉。又從瞿式耜至閩粤，流離艱苦，歷十五載乃歸。海虞詩苑卷三

何　焯　字屺瞻，號茶仙，學者稱義門先生，長洲人。康熙癸未進士。篤志於學，讀書繭絲牛毛，必審必核。吳下多書估，從之訪購宋元舊槧及故家鈔本，細讐正之，一卷或積數十過，丹黃稠疊。鮚埼亭集十七長洲何公墓誌銘家有賚研齋，「蓄書數萬卷，其校定兩漢書、三國志最有名」沈彤何先生行狀題跋或署承筐書塾，或署語古小齋，又自號憩閒老人。用小方章，其立曰髯。康熙六十一年卒。藏書紀事詩四

何　錞　字子瑞。明常熟人。太學生。好聚古書，得卽校鈔，朱黃不去手。與兄鈁及從子允泓大成並以藏書著聞。常昭合志稿三二錞嘗擬元人書何遜集一卷，筆墨精妙，字字有法。皕宋樓藏書志

何水部集

何大成　字君立，晚自稱慈公，明常熟人。喜藏書，聞寒山趙氏藏有宋槧本玉臺新詠，未肯假人，嘗于冬日偕馮己蒼昆仲艤舟支硎山下，於朔風飛雪中，挾紙筆、袖炊餅入山，逕造其廬，迺許出書傳錄，墮指呵凍，窮四晝夜之力，鈔副本以歸。其藏書有何慈公娛野園珍藏書籍印。崇禎癸未卒，無子，遺書散爲雲烟。藏書紀事詩三

何允泓　字季穆，鈁季子。多藏書，秦蘭徵元芳經舅氏何季穆先生故居詩：「鄴侯架在蟲生網，內史池空雨結苔。」

何良俊　字元朗，華亭人。少篤學，二十年不下樓。以歲貢生入國學，授南京翰林院孔目。趙貞吉、王維楨相繼掌院事，與相得甚歡。良俊居久之，慨然歎曰：「吾有清森閣在海上，藏書四萬卷，名畫百籤，古法帖彝鼎數十種，棄此不居，而僕僕牛馬走乎？」遂移疾歸。海上中倭，復居金陵者數年，更買宅居吳閶。年七十始反故里。明史二八七文徵明傳有何氏語林、四友齋叢說行於世。

吳岫　字方山，號濠南居士。明嘉靖時吳縣人。有塵外軒，聚書踰萬卷。有姑山吳氏書目一卷。藏書紀事詩三

吳銓　字蓉齋，清長洲人。隨父僑居上海，復遷居蘇州。雍正中爲吉安守。歸田後居瀆川遂

初園，讀書其中，架上萬卷，皆秘笈也。以故生新安潢源，因題其藏書處曰璜川書屋。吳志忠璜川吳氏經學叢書緣起

吳　寬　字原博，號匏庵，明長洲人。成化八年會試廷試皆第一。官至禮部尚書，卒贈太子太保，謚文定。明史卷一百八十四靜志居詩話：「是時吳中藏書家多以秘册相尚，若朱性甫、吳原博、閻秀卿、都玄敬輩皆手自鈔錄。匏庵遺書流傳者悉公手錄，以私印記之，前輩風流，不可及也。」其手鈔諸卷帙，自署吏都東廂書者，皆晚年筆。翁方綱題吳沉詩鈔合卷後鈔本用紅印格。藏書紀要公手書者精采奕奕，筆法絕似蘇長公。其藏印曰古太史氏，曰延州來季子後，曰雙井村人。藏書紀事詩二有叢書堂書目一卷。蘇州府志藝文類

吳　翾　字扶九，明吳江人。貌魁碩，善談論。少負才名，喜結客。復社初起，翾與同郡張溥、楊廷樞等實爲領袖。國變後，絕意進取，杜門著述。爲詩文多直抒胸臆，不尚聲藻。所藏明人文集，至三千七百家，手自編輯。順治乙未卒，年四十六。著有升恆堂集。松陵文獻九

吳中秀　字端所，明末華亭人。工岐黃，喜蓄書，貯藏至萬卷，築天香閣藏之。乙酉城破，死之，年八十餘。華亭縣志十五

吳元恭　吳縣人。嘉靖三十四年舉人。喜藏書，有太素館爲蓄書之處。嘗仿宋刻爾雅經注三卷行世。藏書紀事詩三

吳元潤　字蘭汀，一字澤均，號謝堂，長洲人。銓孫。官衛輝知縣。聽秋聲館詞話所藏書有吳元潤印、澤均長洲吳謝堂氏香雨齋珍藏書畫記印、謝堂香雨齋吳氏珍藏圖書諸朱記。平津館鑒藏書籍記

吳用儀　字拙庵，長洲人。銓子。承父舊藏，復益購數萬卷，多宋元善本，遂與江浙諸名士流連觴詠，座無俗客。既而諸子爭析產，出藏書而貨之，并售其園。蒲褐山房詩話

吳成佐　字嬾庵，銓子。先世遺書散佚，成佐重自搜羅，書樓三楹，環列四周，有樂意軒書目四卷。吳志忠璜川吳氏經學叢書緣起

吳自新　字伯恆，號韞庵，江甯人。明隆慶戊辰進士，官至南京刑部侍郎。晚好易，宦邸構洗心軒，家有玩易窩。又造萬卷樓以藏書，尤敦孝友，里中羨其家法。好汲引名流，所薦賢士大夫徧天下焉。上江兩縣志卷二十二

吳汝謙　字素庵，清常熟人。喜購書，留心經世術，尤熟邑中水利，康邑侯基田屢諮訪焉。常昭合志稿卷三十二藏書家

吳兆騫　字漢槎，吳江人。順治丁酉舉人。傲岸自負，嘗顧同輩述袁淑語曰：「江東無我，卿當獨秀！」被累戍寧古塔，雖遭放廢，其嗜好如故。出關時以牛車載書萬卷，在塞外日與羈臣逐客飲酒賦詩，曾結七子詩會，分題角韻，月凡三集。著有秋笳集。江蘇詩徵十二

吳志忠　字有堂，號妙道人，長洲人。成佐孫。家富藏書，又與同郡黃蕘圃、顧澗薲交游，故長于目録校勘之學。陳奐師友淵源記

吳卓信　字項儒，常熟人。諸生。少孤，盡鬻遺產，購書數萬卷，坐卧其中。嘗一至關中，盡拓漢唐金石以歸。性簡亢，遇達官貴人罕交一語。至爭辯事理，則氣涌面發赤，不伸其說不止。著有漢詩餘論、儀禮劄記、釋親廣義二十五卷、漢三輔考二十四卷，俱未刻。又有漢書地理志補注二十卷、三國補志六卷、補表六卷，欲刻未果。手定文稿共十六卷，今所刻者僅澹成居文鈔四卷，附補禮經傳約一卷而已。道光三年卒，年六十九。常昭合志稿三〇

吳泰來　字企晉，號竹嶼，長洲人。乾隆庚辰進士。二十七年迎鑾獻賦，召試以內閣中書用。泰來意致蕭閒，才情明秀。有別墅在木瀆，曰遂初園。其中藏書數萬卷，多宋元善本。日與江浙名流爲文酒之會，作詩一本漁洋，吳中數十年來自沈德潛外，無能分手抗行者蘇州府志有凈名軒集。

吳翌鳳　字伊仲，號枚庵。清長洲人。諸生。工詩，家甚貧，以館穀自給。嘗手抄秘書至數十百卷無倦色。晚年家居，倣漁洋感舊集之例，選生平交遊之詩曰懷舊集十八卷。又印須集十八卷、吳梅邨詩集箋注二十卷。履園叢話耆舊

吳蔚光　字悊甫，號竹橋，一號湖田外史。昭文人。乾隆庚子進士，官禮部主事。旋引疾歸。

終日居一樓，留心著述，二十年如一日。夙治古文，兼長駢體，而於詩詞尤推作手。愛書籍及法書名畫，藏書以萬卷計。嘗得王元章梅花長卷，因以梅花一卷名樓。所著有詩文集。常昭合志稿二七

杜　瓊　字用嘉，宋吳縣人。從陳繼先生學，博綜古今，自號鹿冠道人。晚而徙家東園，得朱長文樂圃家焉，學者稱東原先生。戴鹿皮冠，持方竹杖，出游朋舊，逍遙移日，怡怡如也。卒年七十八，門人趙同魯私謚曰淵孝先生。國初南原俞氏、笠澤虞氏、廬山陳氏書籍金石之富，甲于海內，景天以後，俊民秀才，汲古收藏，杜東原其尤也。列傳詩傳乙集

杜元芳　字玉泉，元上海人。官德清主簿。晚隱杜村，構翡翠碧雲樓，庋書萬卷。上海縣志一八

宋定國　字賓王，號蔚如，婁縣人。起家市井，性嗜奇書，無力購置，則百方丐鈔。惟以搜羅遺佚，訪求放失爲事。東湖叢記其藏書之富，校書之精，真讀書人不過。士禮居藏書題跋記吳都文粹

宋家楨　字艾韶，華亭人。順治八年以貢授通判，未仕卒。善屬文，聞有異書，不憚手抄口誦，積書充棟，允爲愛素好古之士。有鳩庵集、修吉堂草。松江詩徵五

宋懋澄　字幼清，明華亭人。萬曆間郡中藏書之富者王洪州圻、施石屏大經、宋幼清懋澄、俞仲濟汝楫，四家爲最，幼清尤多秘本及名人手鈔。松江府志五五

李　衡　宋江都人。官秘閣修撰。致仕，居崑山，聚書萬卷，號樂庵。宋史卷三九〇

李　鑑　字明古。何義門弟子。好藏書，顧澗薲、黃蕘圃屢稱之。士禮居題跋記所載博雅、中吳紀聞、李校書集，皆其家書也。藏書紀事詩二

李心怡　字昆和，號竹田，清上海人。監生。穎異嗜學，藏書萬卷，題所居曰味經樓。年十五應京兆試，歷南北闈不售。初爲副憲竇東皐高弟，後爲學使劉石菴所激賞，梓其詩入試草中。著作甚富，爲友人携去失之，僅存草岩詩草一帙。松江詩徵五三

李可教　字受甫，明松江人。年十二能屬文，十八補諸生。其先世儲書萬餘卷，遭倭寇悉散佚。可教多方訪購，風鈔雪寫，得還十五六，校讐點勘，丹黃爛然。松江府志

李兆洛　字申耆，晚號養一老人。本姓王，養于李，遂冒姓李。武進人。嘉慶乙丑進士，改翰林院庶吉士，道光二十年卒，年七十三。續碑傳集卷七三包世臣撰李鳳臺傳：「予以嘉慶庚申識于白門，壬戌過訪，主其家七閱月，徧檢其所藏書，卷逾五萬，皆手加丹鉛，校羡脫正錯牾，矢口舉十三經辭無遺失。上自漢唐，下及近世諸儒說，條別得失不檢本。尤嗜輿地學，購備各省通志，較亙千餘年來水利之書，證以正史，刊定顧祖禹讀史方輿紀要之與原史不符者。」

李芝綬　字誠菴，原名蔚宗，字申蘭，號裘杅漫叟。昭文人。道光己亥舉人。一再赴禮部試，同遊多海內名士。居鄉又與罟里瞿氏善，遂精于鑒別古籍。所藏日益富。彙編爲靜補齋書目。光緒癸巳卒。常昭合志稿卷三十二

李延昰　初名彥，貞字我生，一字期叔，後改今名，字辰山，號寒村，上海人。少負逸才，以經世自命。善談論，熟于舊家典故及諸瑣碎事。不得志，乃隱于醫。受業于季父中梓士材，有延之治疾者，數百里必往視，疾愈不責報，或酬以金，卽買書，積至四五十櫃。年七十，疾革，適秀水朱彝尊至，乃出所著南吴舊話録、暨放鵬亭詩古文集屬之，并以所購書二千五百卷畀焉。其餘平居玩好一瓢一笠一琴一硯悉分贈朋友，越二日卒。刊有藥品化義醫學口訣、脈訣彙辨、痘疹全書行世。平湖縣志一八

李炳宗　字仲彪，芝綬弟。庠生。工駢體文，兼精醫理。邑中校讐家以黃氏廷鑑、常熟王氏振聲爲最，然皆以撰著之暇，餘力及之。芝綬兄弟猶爲專門之學焉。常昭合志稿卷三十二藏書家

李筠嘉　字修林，號筍香，清上海人。候選光禄寺典簿。藏書至四千七百種，論議臚注至三十九萬言。精於校勘。有李氏藏書志。龔自珍定盦續集卷三上海李氏藏書志序

李鳴陽　字筠齋，清高淳人。邑庠生。性聰穎，自幼嗜書，購買不惜重資。閉户誦讀，手不停披。窮經論史，諸子百家無不博覽。邑中推爲博學。高淳縣志卷十八

李應昇　字仲達，江陰人，如一姪，萬曆四十四年進士，福建道監察御史。以劾魏忠賢削籍。李實劾周起元疏入應昇名，逮下詔獄，酷掠斃之。崇禎時贈太僕卿，福王時追謚忠毅。有落落齋集。明史卷二四五所藏書有江陰赤岸李氏落落齋藏書記方印。天禄琳琅大戴禮記

李鐘慶　字卽卿，清上海人。工詩，於書理深有悟入，所藏書畫多佳本。上海縣續志卷三十

李鶚翀　字如一，後以字行，字貫之。江陰人。家世力耕，給公上，其餘悉以購書。搜闕本，訪逸典，藏弆刓編斷翰，老而食貧，指其藏書曰：「富猗鄭矣！」其讀書也闕必補，譌必正，同異必讎勘，病不輟業，衰不息勞，倣宋晁氏、尤氏書目，自爲詮次，發凡起例井如也。崇禎庚午卒，年七十四。錢謙益有學集三十二李貫之先生墓誌銘有得月樓書目。

沈　周　字啓南，號石田，明長洲人。精於誦肄，自墳典邱索以及雜家言，無所不窺。嘗以重值購古書一部，竦之齋閣。一日客至，見而諦視之，問書所從得，先生曰客何問也？客曰：「公幸無詑，吾書也，失之久矣。不意乃今見之。」先生曰：「有驗乎？」曰某卷某葉某嘗書記某事，或者猶存乎？先生發而視之，果驗。卽歸之，終不言售者姓名，亦不譙何售者。無聲詩史年八十三，以正德四年卒。明史卷二百九十八

式古堂書畫考，石田有竹石居圖卷，周鼎題詩云：「頭白話今雨，汗青藏古書。」吳珵元玉和云：「有田皆種石，無屋不藏書。」

沈　恕　字綺雲，松江人。慈弟，亦喜藏書。王芑孫題沈綺雲恕柳波消夏圖：「深柳一灣書半檻。乍回詩夢小專山。」又：「料檢新收并舊刊，筆山樓作沈樓看，遥思徧借藏書讀，壬癸籤分甲乙觀。」

沈　慈　字十峰，清松江人。家有古倪園，收藏甚富。持静齋書目：歐陽文忠集有沈慈十峰曾在雲間嘯園沈氏諸印。「所刻宋本魚元機集、明本薛濤詩、宋鈔楊太后宮詞，名三婦人集」。前塵夢影録

沈　嵩　字駿堂，清川沙人。好學能詩，旁通醫理堪輿。藏書甚富，不下萬卷，皆手自校閱。著有鍊秋堂詩稿、劍南詩刻識誤，藏于家。川沙廳志卷十

沈大成　號沃田，華亭人。篤志經學，博聞强識，讀書晝夜不輟。自經史外，旁通天文地理六書九章算學，覃精研思，粹然成一家之言。以詩古文名江左。藏書萬卷，手自校讐，鐫本僞闕，字體從俗，必標識而補正之。蠅頭蠶子，條繫件屬，非目力精細者，不能辨其點畫也。其校定十三經注疏、史記、前後漢書、南北史、五代史、杜氏通典、文獻通考、昭明文選、說文、玉篇、廣韻、顧氏音學五書、梅氏曆算叢書，尤爲一生精力所萃。著有學福齋文集二十卷，詩集三十八卷，著而未成者讀經隨筆也。生于康熙庚辰，歿于乾隆辛卯。耆獻類徵四二〇汪大經撰沈大成行傳

沈紹賓　字廷作，清金山人。貢生，官青陽訓導。性喜遊覽，江浙名勝，攀躋幾徧。當其得意，縱筆千言，時有春潮秋瀑之稱。藏書五萬卷，手自評閱，著有月灃山房稿。金山縣志二四

沈雲鴻　字維時，明長洲人。周子。好古書畫，往往傾橐購之，縹囊緗帙，爛然充室。又喜積書，讐勘勤劇，曰後人視非貨財，必不易散，萬一能讀，則吾所遺厚矣。先石田而卒。眉公筆記

沈景春　元平江人。皕宋樓藏書志，嘯堂集古録干文傳跋：「景春沈君居樂圃坊，與余同遊可邨賀先生之門。平生寡嗜欲，惟酷好收書。有別業在閶門西，去城僅數里，景春昔嘗居之。人有挾書求售至，必勞來之，飲食之，酬之善價，於是奇書多歸沈氏，集古録其一也。昔人有以千金市馬者得駿骨予五百金，踰年而千里馬至者三，景春嗜書何以異哉。元統後元十一月。」

沈與文　字辨之，號姑餘山人，明嘉靖時吳縣人。有野竹齋，藏書甚富。士禮居藏書題跋記跋邵氏聞見録

沈懋悳　字虞揚，號翠嶺，清吳縣周莊鎮人。候選布政司使經歷。好藏書籍，尤多刊刻遺書，如張氏潮、楊氏復吉所輯昭代叢書，迮氏鶴壽所校王氏鳴盛蛾術編，吳氏翌鳳國朝文徵，朱氏琦古文彙鈔幾千卷。卒年七十七。周莊鎮志四

汪士侃　字寫阮，嘉慶十四年進士，知雙流縣，入貲爲工部員外郎。性耽讀書，研究經術。改官時以俸錢買書數千卷，寢饋不離。尤精于氏族之學，邑中着姓，均能道其所從出，有其子孫所不能知者。無錫金匱縣志二二

汪士鐘　字閬源，長洲人。蓄志收書，以家藏四部書爲尋常習見之本，必廣搜宋元舊刻以及四庫未採者，黃丕烈郡齋讀書志序盡得黃蕘圃、周香巖、袁綬堦、顧抱冲四家書。潘祖蔭藝芸書舍宋元本書目跋取宋本元本別編其目，各成一册。顧廣圻藝芸書舍書目序摹刻宋本孝經義疏、儀禮單疏、劉氏

詩說、郡齋讀書志諸書，讐對精審，舉世珍若球璧，蘇州府志卷八三藝芸書舍之藏書遂爲海內冠。其藏書後歸菰里瞿氏、致堂楊氏。藏書紀事詩六

汪士鐸　字振庵，號梅村，江甯人，道光時舉人。博極羣書，家藏舊籍幾三萬卷。所著有南北史補志、水經註釋文、水經註圖、漢志志疑諸書。碑傳集補六十蕭穆江甯二烈傳

汪喜荀　初名喜孫，字孟慈，清江都人。中子。中晚年得子，慮爲俗學所囿，自次藏書數萬卷畀之。劉逢祿問禮堂授經圖記喜孫惇至勤學，所藏書有江都汪氏問禮堂收藏印、汪大喜孫、喜孫秘笈、喜孫校本諸朱記。楹書隅錄孫衣言短歌贈汪孟慈員外：「藏書十萬卷，不能療朝飢。仕宦二十年，妻孥猶餔糜。日種梅花夜讀史，世間賢者寧有此？汪侯汪侯勿復愁，榮華富貴流東水！」

沙元炳　字健庵，號碼翁，如臯人。光緒甲午進士，改庶吉士，授編修。健庵通籍後，以二親年高歸養。留意鄉邦文獻，嘗蒐集先哲遺書多至百餘家。家藏舊籍金石書畫甚富。各加題識，有題跋文二卷。晚年究心內典，歿後門生項本源錄其詩文，得二十卷。晚晴簃詩匯一七八

邢　參　字麗文，明吳郡人。量孫。教授鄉里，以著述自娛。列朝詩傳丙集

讀書敏求記：韻語陽秋二十卷，丹陽葛立方撰。朱性甫借得此書宋槧本，邢麗文命工摹寫二部，舉其一贈性甫。

常熟瞿氏藏太元集注宋鈔本，有葑溪邢參題字。藏書紀事詩二

邢　量　字用理，明吳郡人。敝屋三間，青苔滿壁，室中惟左右古書，薪水躬自秉執。黃省曾貧士傳

用理隱居葑門，以醫卜自給。折鐺敗席，肅然如野僧。其學無所不通。室中卧榻之外皆藏書，手自校定。　姑蘇志

阮　元　字伯元，號雲臺，儀徵人，乾隆五十四年進士。官至體仁閣大學士。卒謚文達。先正事略卷二二　家居揚州舊城文樓巷，即隋曹憲故里，李崇賢所由傳文選學者也。因構文選樓於家廟旁以藏書。阮元南宋淳熙貴池尤本文選序　其藏印曰癸巳、曰節性齋、曰文選樓、曰石墨書樓、曰雷塘盦主、曰亮功錫祜、曰隋文選樓之印、曰泰華雙碑之館、曰家住揚州文選樓隋曹憲故里、曰揚州阮伯元氏藏書處、曰瑯嬛仙館藏金石處、曰積古齋藏研處、曰譜研齋著書處、曰揅經室。又有闕里阮孔經樓孔子七十三代長孫女諸印，則元繼配衍聖公女孔夫人也。夫人著有唐宋舊經樓稿，世號經樓夫人。　藏書紀事詩五

貝　墉　字既勤，吳縣人。袁廷檮壻。好藏書，家有千墨盦，著錄甚富。以嗜古不事生產貧其家。持靜齋書目：續疑年錄四卷，貝氏友漢居鈔本，有硼香居士平江貝氏文苑諸印。　藏書紀事詩五

狄惺垣　字子奇，清道光時溧陽人。惺垣學術株守漢儒，不容一語之出入，不免失之拘執。然

事必核實，語無朦朧，亦其生平所誦法者然也。所蓄書數千卷，皆講漢學者精善之本，病中盡括而轉售他人。所著有四書質疑、戰國地名考各若干卷，周易質疑二卷、春秋左傳質疑十二卷。張宗泰魯岩交遊記

八畫

周魯　字東山，清奉賢人。國子生居鄉喜讀書。構靜觀樓，藏書甚富。書法似周晚山。晚得蘭亭十八跋及米襄陽真蹟二種，鉤摹入石，嵌置壁間。兼工篆刻，有靜觀樓印言二卷。松江府志人物志十一

周煇　字昭禮，宋淮海人。紹熙間居錢唐清波門之南，嗜學工文，隱居不仕。當世名公卿，多折節下之，而簡亢自高，未嘗報謝，藏書萬卷，父子自相師友。撰清波雜志十二卷。兩浙名賢錄

清波雜志：借書一瓻，還書一瓻，後誤爲癡，殊失忠厚氣象。煇手鈔書前後遺失亦多，未免往來於懷，因讀唐子西庚失茶具說，釋然不復芥蔕。其說曰：「吾家失茶具，戒婦勿求，婦曰：『何也？』吾曰：『彼竊者必其所好也，得其所好則寶之，懼其失而秘之，懼其壞而安置之，是物得所託矣。復何求哉！』」

又云，聚而必散，物理之常，父兄藏書，惟恐子弟不讀，讀無所成，猶勝腐爛篋笥。陳亞少卿

藏書千卷，名畫一千餘軸，晚年復得華亭雙鶴及怪石異花，作詩戒其後曰：「滿室圖書雜典墳，華亭仙客岱雲根，他年若不和花賣，便是吾家好子孫。」亟死，悉歸他姓。

周士彬　字介文，號愛蓮，清浦人。康熙丙戌副貢生。介文究心宋賢語錄，期于實踐。藏書極富。乾隆三十六年詔求天下遺書，子忠圻以秘本數十種進，上嘉之，賜佩文韻府，又書御製詩賜之。其孫厚堉因作來雨樓敬藏，時以爲榮。著有山舟詩鈔。江蘇詩徵八二

周天球　字公瑕，明太倉人。年十六隨父徙吳。從文徵明游，善大小篆古隸行楷，一時豐碑大碣，皆出其手。列朝詩傳丁集中喜藏書。

周永泰　字丰來，晚號八峯，清華亭人。性嗜書史，藏書甚富。有二酉洞尋樂齋，縹囊緗帙，插架燦然。精書法，垂老猶揮灑不輟。江蘇詩徵八三

周杏芳　字乾一，號靄林，清常熟人。殫心經史，遇秘鈔舊本，必手自繕錄。著有左傳分國、禮記輯注。常昭合志稿卷三十二藏書家

周良金　明武進人。嘉靖三十年歲貢，光祿寺署丞。武陽合志藏書甚富，其書有毘陵周氏九松迂叟藏書記、周良金印諸朱記。

周厚堉　字仲育，清婁縣人。諸生。家干山下。高才淹雅，工詩。其先世與趙松雪諸名人交，富藏書，乾隆中開四庫全書館，進書數百種，賜佩文韻府、御製石刻，又御筆題詩於其所進兩

漢博聞上，因取詩中來雨字名其書樓，王昶爲之記。松江府志卷二十五

周榮起　字研農，清江陰人。喜鈔舊籍。常熟毛子晉刻校古書，多得其刊正。居易録梧溪集條

周錫瓚　字仲漣，號漪塘，又號香巖居士。清吳縣人。喜藏書，與黄蕘圃有同嗜，蹤跡甚密。蕘圃每購一書，必往借所藏秘本證之。嘉慶己卯卒，年八十餘。士禮居藏書題跋記

周謝盦　號研六居士，仲漣子。家富藏書，謝盦好之彌篤。丹黄校勘，無間寒暑。家且中落，宋元槧本及精鈔秘本，漸爲豪者餌去，而餘籍尚夥。所纂羣書綴述一百四十卷，薈萃諸家論跋，諸藏家一大掌録也。劉禧延研六齋筆記跋

季振宜　字詵兮，號滄葦，泰興人。順治丁亥進士，授蘭溪令，歷刑户兩曹，擢御史。黄丕烈季滄葦書目序：「滄葦書目載宋元板刻以至鈔本幾於無漏略。余閱述古堂藏書目序有云，舉家藏宋刻之重複者折閱售之泰興季氏。是季氏書半出錢氏，而古書面目較錢氏所記更詳。」所藏書有吾道在滄洲及柱下史諸朱記。

季錫疇　字耘松，清太倉州人。敦品勵行，爲文謹守先正，出入震川堯峰之間。晚年館虞山瞿氏，館中多善本書，得之於黄氏士禮居者爲多。錫疇悉跋尾，遂成藏書志若干卷。張星鑑懷舊記校書盈千種，異同舛誤，靡不悉心考證。咸豐十年避寇李墅，抑鬱以終。遺書千卷燼於火。常昭合志稿四〇

屈軼　字侃庭，清常熟人。廩貢生，署南匯訓導，改兵馬司副指揮。家藏書盈二萬卷。工古文辭，尤習掌故。以發微闡幽爲己任，採邑中遺聞軼事，撰文安耆獻一編，著有享帚山房集。常昭合志稿三〇

林文璉　字聖與，號得齋，甘泉人。監生。善屬文，弱冠通五經大義，不求仕進，鋭意于詩古文，尤精史學。好歐陽永叔文，以爲聱牙佶屈、詭奇隱僻，非文學家所重，故所爲文安雅和適，詩則汪洋渾灝，取法少陵，能默誦全集。積書十橱，如通鑑、十七史皆手自丹墨，績學之勤，莫與比也。卒于乾隆二十六年，年八十四。嘗選王維、孟浩然、高適、岑參之詩爲四家詩鈔，著史畸閒覽、筆得齋詩文集。江蘇詩徵八七

邵寶　字國賢，別字泉齋，亦曰二泉，明無錫人。成化二十年進士，官至户部侍郎兼左僉都御史，卒贈太子少保，謚文莊。第有容春精舍，庋藏書萬卷于其中。無錫金匱縣志二二

精舍在無錫城東南隅冉涇之上，爲寶七世祖元處士容春舊居，扁曰容春精舍。未幾，又別建於西門之口，扁曰二泉精舍。中堂三間，仍榜曰容春，前堂五間，中爲廚二十，庋古今書籍萬餘卷，扁曰泉齋。邵寶勿藥集後，喬司馬精舍狀

邵恩多　字朗仙，清常熟人。博學嗜古，與張金吾、陳揆善。喜鈔罕見之書。所藏書有小安樂窩及姓名諸朱記。常昭合志稿卷三十二藏書家

邵廣憲　字吉甫，清昭文人。先世多藏書，廣憲潛心研讀，更搜訪江浙舊家，秘籍益博。尤諳本朝掌故，著蘇松田賦考、一角山樓詩、古文集、續集。常昭合志稿卷三十二藏書家

邱　迥　字邇求，清山陽人。廩貢生，所居桐園，積書甚富。嘗遊王士禛、朱彝尊之門。學術深邃，尤長于詩，而深自矜慎，未嘗苟作。淮安府志卷二十九邱俊孫傳

邱　集　字子成，明嘉定人。精三禮，家貧或日不重炊，而讀書不輟。晚依妻族周氏，居太倉雙鳳里。萬曆癸卯卒，年八十。學者稱寒谷先生。嘉定縣志卷十九喜蓄書，其藏書有嘉定邱家頤桂堂邱集印。

金　玉　字其相，清宜興人。屢試不第，屏跡湖濱。蓄書數千卷，人之移舟相訪者與論古書疑義，出家釀飲之，輒留連數日去。宜興縣志卷三

金　侃　字亦陶，吴縣人。俊明子。工書畫，能詩。杜門鈔書，校讐精審。宋元人名集秘本，插架甚富。蘇州府志卷八十二　有金侃仲子老迂等藏印。

金元功　太倉人。富藏書。持靜齋書目，艾軒集，有金元功藏書記、金氏南樓書籍二印。

金俊明　字孝章，初從父冒姓朱，名衮，後復姓更今名，吴縣人。善書。平居繕録經籍秘本，以迄交游文稾，凡數百種，無不裝潢成帙，汪琬金孝章墓誌銘構春草閒房以貯之。乾隆蘇州府志卷八十二年七十四卒，門人私謚貞孝先生。靜志居詩話有春草閒房手定印，有商孫子芳草王孫孝章、

殷孝章諸印。

金黼廷　字痩仙，清金山人。附貢生。工詩。善八分書，尤嗜金石，鑒藏眞贋，皆援據典籍爲證。藏書甚富，倣黄虞稷千頃堂書目例，録書目四卷。松江府志卷二十五

孟守約　明蘇州人。藏書於樓，扁曰玉輝。孫樓爲詩贈之。百川集

九畫

俞　弁　字子容，號守約道人，長洲人。喜藏書，鈔書尤夥。與柳僉友。其讀書處曰紫芝堂。藏書紀事詩二

俞　琰　字玉吾，家洞庭之西山。寶祐間，阮菊存、馬性齋、王都中，皆白首北面，稱爲石磵先生。子仲温字子玉，元時爲平江路醫學録。孫貞木初名楨，以字行，號立庵。又稱洞庭外史，修身砥行，績學能文。洪武中仕樂昌、都昌，二縣丞以終。七十二峯足徵集

陸心源元槧周易集説跋上經後跋曰，嗣男仲温命兒楨繕寫，謹鋟梓於讀易樓。彖傳後跋畧同，惟改爲命兒楨植，玉吾無子，以仲温爲嗣，楨植爲玉吾孫，皆有書名，濡染家學，手書上板，故能精美如此也。

楹書隅録，宋本誠齋易傳朱叔英跋稱出俞石磵家。石磵生平邃於易學，所著周易集説諸

書，皆覃精研思，積數十年而始成。此本或即其手蹟耶！俞生宋寶祐初，入元徵授溫州學錄，不赴。隱居吳之南園，老屋數椽，古書金石，充牣其中。傳四世皆讀書修行，號南園俞氏云。

天祿琳琅續編，童溪王先生易傳，有石礀書隱、俞貞木、立庵圖書三印。

俞　榕　字範倫，號學禪，嘉定人。縣學生。乾隆乙酉南巡召試，範倫以詩畫獻，蒙恩獎賞，諭入內庭供奉。所居有園亭池館之娛，樹石竹林之美。承祖父餘蔭，藏書萬卷，鼎彝羅列。暇則臨撫宋元人畫以自娛樂，畫畢輒繫之詩。四方之走求其畫，日塡積于門，以獲其寸楮尺鎌爲快。所著有賜綺樓集若干卷。耆獻類徵四三六馮金伯撰俞榕傳

姚　咨　字舜咨，號皇山樗老，一號潛坤子，亦號皇象山人，無錫人。喜藏書，值善本，手自繕寫，古雅可愛。其所鈔書葉心有茶夢齋鈔四字。鐵琴銅劍樓書目馬令南唐書其藏書印曰茶夢庵、曰茶夢散人、曰茶夢主人、曰潛坤子。著有潛坤集。

姚　與　字英三，一字益齋，清蘇州人。貢生。少英敏，博覽典籍，喜藏書，屢困省試。以家貧幕游，籍入北闈，卒于天津。蘇州府志

胡邦獻　字仲琛，號南金，如臯人。弱冠補博士弟子員，試輒高等。爲文沖澹雅健，振式浮靡。順治甲午選拔入京師，名公鉅卿一見皆以國士目之。與同年繆歌起，徐健庵等齊名。文出有洛陽紙貴之稱。廷試考授知縣，以丁艱歸里，得疾不出。結屋于城南，藏書萬卷，忘年自娛，

所著有絳岩居集、燕遊草行世。如皋縣志一七

施大經　字天卿，號石屏，明上海人。萬曆十三年舉人，仕至惠州通判。藏書之富，爲郡中最。殁後，子沛然復購益之。其書目四册，高五寸許。石屏有收藏印章曰施氏獲閣藏書、古人以借鬻爲不孝，手澤猶存，子孫其永寶之。上海縣志一七

范　楫　字施宇，清常熟人。博學能詩，善真草書。不應試，手録古書甚多。富于著述，有廿一史括要二十一編、編次理學四卷、常熟志略五卷、枕流集詩文稿若干卷。常昭合志稿卷三十二藏書家

范大謨　字禹思，清如皋人。嗜學，藏書數十乘，昕夕吟諷。取天運、地輿、帝統、禮樂、名物，一切見于載籍者，博究精研，採華擷實，徵事屬文，閱三十寒暑，十易稿，成萌滕賞文百三十卷。由明經選金壇學博，設立課程，提倡古學，三載告休歸里，年七十九卒。直隸通州志卷十五

范必英　字秀實，吴縣人。康熙己未舉博學宏詞，授檢討，纂修明史。謝病歸。儲書萬卷，日誦讀其間，凡古今經世大典及詩文源流高下，歷歷能指數。詩文古詞，綺麗雅馴。江南通志一六五

先正事略卷三十九：「必英字秋濤，號伏菴，自號杜圻山人。長洲人。順治乙酉舉人，召試授檢討。分纂明史畢，即謝病歸。居鄉廉静，足不履公府。築萬卷樓，藏書二十四櫝，皆手自校訂，好汲引後進，著録者百餘人。」

郁文博　字文博，明上海人。景泰五年進士，湖廣副使，致仕歸。居萬卷樓，年七十有九，丹鉛校核不去手。注，前志遺事載，文博家居，校刊陶九成説郛一百二十卷，自賦詩云：「白頭林下一耆儒，終歲樓間校説郛，目力心思俱竭盡，不知有益後人無。」其風趣如此。上海縣志一八

郁松年　字萬枝，號泰峯，清上海人。道光二十五年恩貢生。好讀書，購藏數十萬卷，手自校讎。以元明舊本世不多見，刊宜稼堂叢書。上海縣志卷二十一

茅元輅　字翊衢，號三峯，丹徒人。乾隆戊申舉人，授翰林院待詔。幼聰穎，善讀書，與其兄元銘互相砥礪。家多藏書，獨居則繙閱，擷其精華。又好遊，往往放迹山水間，興盡乃返。年八十餘卒。易簀時自挽一聯云：「何事尚關心，最難拋，滿架圖書一庭花木。而今方撒手，好去尋、未遊山水，先逝親朋。」其胸次可知矣。著有香草堂詩集。丹徒縣志

冒念祖　字聿修，號思堂，清如皋人。超曠拔俗，不喜帖括。家多藏書，日繙閱不倦。興到賦詩，多名句。有倩石山房詩稿行世。如皋縣志

柳　僉　字大中，號安愚，別號味茶居士，明吳人。生當武宗之世。所校水經，以宋槧手鈔改正錯簡，如穎水篇、渠水篇、濦水篇，皆有大功。全祖望鮚埼亭集外編三二水經校本跋摹寫宋本唐人詩數十種，後歸述古書庫。讀書敏求記其讀書處曰清遠樓。

席　鑑　字玉照，號茱萸山人，清常熟人。藏書極富，所刻古今書籍，板心均有掃葉山房字。所

藏書有墨妙筆精希世之珍、虞山席鑑玉照氏、釀花草堂、萸山珍本、湘北寶箴、玉照讀書敏遜齋諸印。藏書紀事詩四

十畫

夏庭芝　字伯和，元松江人。學津討原刻封氏聞見記後有元人跋云：「予素有藏書之癖，凡親友見借者，暇日多手鈔之，此書乃十五年前所鈔者。至正丙申歲，不幸遭時艱難，烽火四起，煨燼之餘，尚存殘書數百卷。今僻居深村，賴以自適，亦不負愛書之癖矣。至正辛丑上元日重觀於泗北疑夢軒，雲間夏庭芝伯和父謹誌。」

倪　瓚　字元鎮，無錫人。家雄於貲，工詩善書畫。所居有閣曰清閟，幽迴絕塵，藏書數千卷，手自勘定。古鼎法書、名琴奇畫羅列左右，自號雲林居士。明史卷二百九十八

瓚號荊蠻民，又號净名居士，朱陽館主、蕭閒仙卿、雲林子、曲全叟、幻霞子、如幻居士、滄浪漫士、奚玄朗、玄映，又號倪迂，初名珽。武古堂書畫考

清閟閣在縣東南梅里鄉之祇陀里，旁列碧梧奇石，非楊維楨、張雨諸人不得至焉。無錫縣志

浦起龍　字二田，雍正八年進士，官蘇州府教授。起龍居邑之南磵，肆力于古，于書靡不窺。丹黃甲乙，積數十年。從學者質問經史，輒舉某書某卷某頁以告，檢之無不合。其爲文學唐人，

諸雜家，所著有讀杜心解。無錫金匱縣志二十二所藏多宋本書，後人不知，盡皆散失。士禮居藏書題跋記普濟方

唐　寅　字子畏，一字伯虎，明吳縣人。舉弘治十一年鄉試第一。晚皈心佛乘，自號六如。築室桃花塢，與客日般飲其中，年五十四而卒。明史卷二百八十六徐禎卿傳、蘇州府志卷八〇文徵明飲子畏小樓詩：「君家在皐橋，喧闐井市區。何以掩市聲，充樓古今書。左陳四五冊，右傾三兩壺。」寅讀書每夜盡一卷，用朱黃識其旁，卷盡輒寫山水人禽竹木，其端或書小詩，或括前意爲一二語，或紀日月。梅花草堂筆談有南京解元唐寅印記、唐伯虎印、夢墨亭、唐居士印、夢墨亭六如居士印、學圃堂珍藏書籍諸印記。藏書紀事詩二

唐　詩　字子言，號石東居士，明無錫人。與姚咨友，亦喜鈔書。著有石東山房稿。明詩綜小傳

唐宇昭　字孔明，明武進人。順之孫，家富藏書。毛斧季嘗聞其有宋槧趙孟奎分類唐詩一百卷，輾轉借之而未得。拜經樓藏書題跋記卷五

唐順之　字應德，號荊川，武進人。洽貫羣籍，年三十二舉嘉靖八年進士。改庶吉士，調兵部主事。盡取古今載籍，剖裂補綴，區分部居，爲左右文武儒稗六編行於世。以禦倭擢右僉都御史，代李遂爲鳳陽巡撫。三十九年卒，崇禎中追謚襄文。明史卷二〇五喜藏書，吳偉業汲古閣歌：「嘉隆以後藏書家，天下毘陵與琅玡，整齊舊聞汲放失，後來好事知誰及！」

徐炯　字章仲，乾學之子。有傳是樓藏書。有徐炯收藏秘笈、徐炯收藏書畫、徐章仲所讀書、徐仲子別號自彊諸朱記。天祿琳琅續編

徐源　字仲山，明長洲人，成化乙未進士。當官蒞政未嘗一日去書不觀。文章博雅，書有米家父子風。王文恪公集三〇通議大夫都察院右副都御史徐公墓誌卜築于瓜涇之上，因地爲號，別號椒園道人。李東陽瓜涇集序吹網錄：「避暑錄話，瓜涇徐氏荷葉裝舊鈔本，與禾中項氏藏仲醇手鈔本互有詳畧。」

徐寬　字時介，清宜興人。國子監生。幼卽奇慧工文，長益喜讀書，嚴寒盛暑，手一編不輟。夜有所疑，不能待旦，篝燈辨明之然後已。家藏書數厨，評點殆盡。手錄古書，幾倍于藏。雖家計中落不顧也。宜興縣舊志卷八

徐澄　字季止。源弟。宏治元年科貢，官江西南昌府經歷。少有文行。吳寬家藏集卷三十二望洋書屋記：「徐君季止，鄉校士之良者。家夾浦之南，瓜涇之上，而松江陳湖，皆在其睫目間。蓋將聚書數千卷，築室而藏之，因題曰望洋書屋。」

徐霖　字子仁，自號九峯道人，人或呼爲髯仙，明松江人。列朝詩傳丙集在金陵築快園，極游觀聲伎之樂。武宗南巡，臧賢薦入行宮應制詞曲，扈從還京，授官固辭。尤侗詠明史樂府金陵收藏家，徐霖髯仙著于時，後多散佚。開有益齋讀書志有宋槧本隸釋甚精妙，後歸毛青城載還蜀中。

讀書敏求記

徐　縉　字子容，明吳縣人。宏治乙丑進士，歷官吏部左侍郎，謚文敏。明詩綜小傳

士禮居藏書題跋記，書苑菁精二十卷，徐元佐跋，謂其先文敏公所遺。文敏王文恪之壻，西洞庭人。

天祿琳琅，文選王世貞跋云：此本繕刻極精，紙用澄心堂，墨用奚氏，往見於同年朱太史家，云得之徐太宰。又張鳳翼跋云：予嘗見於徐文敏嗣君架上，云是文敏所鍾愛，以貽其後之人者。紙墨精好，神采煥發，且有趙文敏手識，則知此書嘗入松雪齋中。夫前後相去二百年，去一文敏，復歸一文敏，豈有夙緣耶！

徐元文　字公肅，號立齋，崑山人。順治己亥進士第一，累官戶部尚書。丁內艱歸，己未二月服未除禫，特召監修明史，學士充監修，非故事也。秋赴闕自陳，且辭新命，不允。因疏請購遺書，徵遺獻，舉堪纂修者七人，部議不允，上特從之。時未有學士缺，上特改內閣學士項景襄為兵部侍郎而用元文。……元文以置局五年書尚未就，乃取各儒臣所著紀傳，手自排纂，通懷商榷，丹黃常至夜分。遂繕寫紀傳若干卷進呈。元文內行修潔，苞苴問遺之使，無及門者。遇家人嚴整，退食之暇，匡坐讀書而已。積書萬卷，皆手自校讐，卷帙率精好。所為詩文有漢魏風致，集若干卷藏于家。生崇禎七年，卒于康熙三十年。碑傳集卷十二文華殿大學士戶部尚書掌翰林

院事徐公神道碑所藏書有含經堂書目。

徐江普　字舜琴，清宜興人。少好學，工詩文，喜藏書，書賈至輒盡舫鬻之。遊儲在陸門，與梅隱畫山爲文友，與水榭蔣平川、黃隆吉，爲詩友。康熙四十四年登賢書，銓注內閣中書，改注知縣，皆未赴。著有籟閣詩存稿。宜興縣舊志八

徐秉義　字彥和，號果亭，崑山人。康熙十二年以進士第三人登第。官至內閣學士兼禮部侍郎。秉義通籍後以兄弟並在華省，深懷謙退。杜門却掃，購求古書，或借稿本鈔錄。蘇州府志卷九十五有培林堂書目。

徐乾學　字原一，號健庵，崑山人。康熙庚戌進士第三人及第，官刑部尚書。家有傳是樓，藏書甲天下。蘇州府志九十五黃宗羲傳是樓藏書記：「喪亂之後，藏書之家多不能守。異日之塵封未觸，數百年之沈于瑤台牛篋者一時俱出。於是南北大家之藏書盡歸先生，先生之門生故吏遍於天下，隨其所至，莫不網羅墮簡，搜羅緹帙，而先生爲之海若。」「築樓于所居之後，凡七楹，斲木爲厨，貯書若干萬卷，部居類彙，各以其次，素標緗帙，啓鑰爛然。與其子登樓而詔之曰：『吾何以傳汝曹哉！』因指書而欣然笑曰：『所傳者惟是矣。』遂名其樓爲傳是。」汪琬傳是樓記有傳是樓宋元本書目。

徐渭仁　字文臺，一字紫珊，清上海人。有春暉堂藏書，多古刻。丁氏藏書志

徐達左　字良夫，一字良輔，號松雲道人，明蘇州人。受易於鄱陽邵宏道，又受書於天台董仁仲。隱居光福山中。洪武初，鄉人施仁守建甯，請爲其學訓導，卒於學官。蘇州府志七九

吴寬題東坡遺張平陽詩真蹟：「舊藏光福徐良夫家。良夫所藏高編大册甚富，今不存矣。」

皕宋一廛賦，覿温國於徐廬，鍼傳家之膏肓。注，司馬公文集八十卷，每半葉十二行，每行廿字。有朱書一行云，洪武丁巳秋八月攺，鈐以小方章一，文云徐達左印；又大方章一，文云松雲道人徐良夫藏書。

徐與崗　字子威，清初時人。諸生。置書數千卷，閉門讐校，旁行側注，朱黄爛然，以文學稱。崑新兩縣續修合志三二

孫　江　字岷自，胤伽孫。喜校鈔，嘗倣玉臺例，録唐詩艷麗者爲緣情集。其自爲詩亦類是。晚好岐黄書，所著有牢山、花源、問庚諸集。常昭合志稿卷三十二藏書家孫樓傳

孫　侃　字冠古，號亦陶，清上海人。貢生。博學能書，精鑒古，搜羅甚富。上海縣續志

孫　育　字思和，明丹陽人。收藏書畫最富。嚴嵩得其畫二册，重題秘藏之，見直廬稿。好古堂書畫記

檻書隅録，宋本史記，廣漢張杅守桐川時用蜀小字本重雕。有孫育私印、曲阿孫育、南徐孫育、思和印章、孫思和圖籍、篆京山孫育、七峯道人、開皇山下人家、碧山草堂、北固山第一峯

諸印。

孫淇　字寶洲，號竹鄉，清常熟人。善詩，喜蓄書。藏書紀事詩四

孫楨　字仲牆，號石雲，明丹陽人。收藏書畫古物最富，考據甚精。好古堂書畫記

孫潛　字潛夫，號蚪園，又字節生，亦曰知節君。與葉樹蓮善，亦喜藏書。手鈔手校之本，世多流傳者。有其姓名及二酉珍藏諸朱記。常昭合志稿卷三十二藏書家

孫樓　字子虛，號百川。嘉靖丙午舉人，銓補湖州推官。嘗攝郡篆，捕論巨盜，一郡帖服。然非其所好。會李攀龍、王世貞，相繼爲浙臬副，知其才，雅相引重。而同列挾進士資，多目攝之。改調漢中，遂致仕歸。有書逾萬卷，手自校讐，多秘本。構藏書之所，比弇州萬卷樓，名曰刀册度。每讌集雅譜，四座盡傾。或以滑稽寓之文章。所著有百川集及吳音奇字四卷。常昭合志稿卷三十二藏書家

按百川集有博雅堂藏書目序。

孫藩　字孝維，明常熟人。藏書甚富。所藏書有虞山孫藩夔王氏之印、虞山孫藩仲孝維考藏圖書朱文方印、虞山孫氏慈封堂丙舍圖書朱文長印、孫仲孝維收藏印諸印。藏書紀事詩三

孫七政　字齊之。明常熟人。七歲能詩。與王世貞、汪道昆諸人游，才名籍甚。所居西爽樓清暉館蓄古彝鼎書畫，客至觴詠其中。著松韻堂集行世。蘇州府志卷九十九孫艾傳

孫文川　字澂之，一字伯澂，清上元人。少敏悟，耆讀書，尤工詩賦。爲諸生試輒冠其曹。滁州王煜、吳縣馮桂芬先後主惜陰書舍講席，皆激賞之。李鴻章、曾國藩、沈葆楨屢薦其才可大用，卒以母老不出。治官書畢，必歸省視。暇則招集賓朋，以考證金石自娛。金陵通傳 其藏書頗達觀，不似世人斤斤珍吝。有藏書刻印，每鈐之卷首，其文云：「寶翰垂千秋，人無百年壽，展翫聊自娛，豈計收藏久？我聞唐杜暹，撰銘書卷首，鬻借爲不孝，惟屬後人守。又聞趙吳興，作詩題卷後，但禁他室買，戒以棄勿取。二公誠愛書，而我意則否，子孫爲鳳麟，嗜古意必厚，我愛彼更珍，搜採成叢藪，何待我貽留，彼自能尋剖。子孫若豚犬，壓架已孤負，摧燒或化薪，棄置更覆瓿。尤物遺輕褻，貽者執其咎。不如付賞音，什襲重瑤玖，品題增光輝，益令傳不朽。由來天下寶，不妨天下有，但祝得所歸，勿落俗士手。」讀雪齋遺詩 又有上元孫氏文川藏書印。

孫克宏　字允執，明華亭人。以蔭官漢陽知府，忤高拱罷歸。築室北俞堂以老。松江府志 工詩，居東郭草堂，列名蹟于秋琳閣，槃薄觴詠，客至如歸。明畫錄 時朱象元廣蓄宋板，鈔本尤夥，捐館之後，散落人間，克宏收得之。偃曝餘談

孫孝若　明常熟人，朝肅子。官高州同知。家富藏書。藏書紀事詩三

孫胤伽　字唐卿，一字伏生，號生洲居士，樓孫。好異書，手自繕寫，更于丌冊庋增碎金斷壁之秘。所藏書有孫唐卿氏諸朱印。著有艷色齋集、玉台外史、談觚等書。常昭合志稿卷三十二藏書家

讀書敏求記：「葛洪神仙傳十卷，袁陶齋藏書，後歸秦四麟，流傳至允伽居士春雲樓，三君皆好古碩儒，所藏率多舊鈔本，故其書正定可傳。」

孫星衍　字淵如，號伯淵，陽湖人。乾隆丁未進士，授編修，散館改主事，官至山東督糧道。勤於著述，性好聚書，聞人家藏有善本，借鈔無虛日。金石文字搨本、古鼎彝書畫靡不考其源委。有孫氏家藏書目內編四卷、外編三卷；阮元揅經室二集卷三山東糧道孫君傳 廉石居藏書記一卷；平津館鑒藏書籍記三卷、續編一卷、補遺一卷。其藏印曰東方廉使、曰東魯觀察使者、曰孫忠愍侯祠堂藏書。

孫從添　字慶增，號石芝，常熟人，諸生。善醫，用藥出於人表，婦孺皆呼爲孫怪。有書癖，家雖貧而所藏逾萬卷。自撰藏書記，分爲八則，言之甚詳且備。蓋真知篤好者。其讀書室曰上善堂，所藏書有其名字朱記，別用一印曰得者寶之。著有活人精論、石芝遺話 常昭合志稿卷三十二 及上善堂書目。

孫朝肅　字功父，明常熟人。七政孫。萬曆丙辰進士，官廣東布政使。多藏書。藏書紀事詩三

孫朝讓　字光甫，明常熟人。朝肅弟，崇禎辛未進士，江西布政使，未赴而明亡，時年未五十。優遊林泉，年九十而終。蘇州府志卷九九 鐵琴銅劍樓書目：陸士衡集，舊藏大石山房孫氏，有朝讓

孫光父朱記。

孫道明　字明叔，元華亭人。居泗涇。博學好古，藏書萬卷，遇秘本輒手自抄録。築映雪齋，延接四方名士校閱藏書爲樂。又造一舟曰水光山色，徜徉南浦，自號停雲子。嘗與陶宗儀共汎，宗儀製詞，道明卽倚洞簫吹之，與櫂歌相答，極鷗波縹緲之思。蘇州府志五〇

孫道明家於泗涇，乃一市井人也。在勝國時，日惟以鈔書爲樂。其手鈔書數千卷，今尚有流傳者，好事者以重價購之。四友參叢説　晚歲寫書題跋，皆有歲月，見于諸家書目。藏書紀事詩二

孫道静　字景瞻，明丹陽人。皕宋樓藏書志：湖北提舉鹽茶司新刊前漢書一百二十卷有題字云，正德二年三月吉旦裝，景瞻。又一跋云：余見宋板漢史不下五六部，未有若此之全□者，子孫其永保之。正德二年三月丹陽孫道静重裝。卷中有飛雲閣圓印、景瞻方印。

秦　汴　字思宋，號次山，明無錫人，端敏公金仲子。藏書甚富。天禄琳琅

秦　柱　字汝立，無錫人，汴子。萬曆五年貢生。其藏書處曰繡石書堂。鐵琴銅劍樓書目

秦四麟　字景暘，號季公，明萬曆間常熟人。善填詞曲，精解音律。嘗以中秋登金陵長板橋，歌大石調念奴嬌竟，四五夕莫有敢發聲者。夙喜藏書，從人得秘本，多用行書好字，篝燈校勘，老而不倦。所藏書有秦氏四麟之印、又玄齋收藏圖書記諸朱印。題跋稱秦酉岩，鈔本板心有元覽中樞四字。常昭合志稿卷三十二藏書家

秦保寅　字樂天，自號石漆山農，清無錫人。工詩。崑山葉方藹序其詩，稱樂天爲人落落穆穆，與之相處，塵意俱盡。其詩質而實綺，癯而實腴云。無錫金匱縣志二三二家本富饒，藏書萬卷。與嚴繩孫、蔣遵路輩結詩社，爲諸子之冠。優遊山水，以終其身。常州詞錄三

秦恩復　字近光，一字敦夫，又字澹生，先正事略江都人。乾隆五十二年進士。讀書好古，所居玉笥仙館蓄書萬卷，丹黃不去手。尤精校刊，延顧千里于家，共相商榷。手校刊陶宏景鬼谷子注、盧重元列子注及隸韻諸書，時號秦板。阮元撫浙時，聘主詁經精舍。性喜填詞，每拈一調，參考諸體，必求盡善，無一曼聲懈字。著有享帚詞三卷、石研齋集。清史列傳卷七十二鮑廷博傳有石研齋書目二卷。卒八十四。

秦鼎雲　字汾祥，無錫人。乾隆四十二年拔貢生，官如皐教諭。好古博覽，藏書甚富，鼎彝書畫靡不精審。又喜談兵。著有愼戰愼守編、見聞隨筆錄。無錫金匱縣志

秦蕙田　字樹峯，晚號味經，清無錫人。乾隆丙辰進士，歷官刑部尚書，謚文恭。有味經書屋藏書。丁氏藏書志

袁　易　字通甫，元平江人。曾大父璡築室長洲之蛟龍浦。易不樂仕進，所居西偏爲堂曰靜春，左江右湖，禽魚飛泳于煙波莽蒼間。堂中有書萬卷，悉易所校定。客至輒斂卷與縱飲劇談，留連竟夕。黃溍黃學士文集卷三十三袁通甫墓誌銘

四庫提要，靜春堂集四卷，元袁易撰。易居吳淞具區之間，築堂曰靜春，聚書萬卷，或棹舟載筆牀茶竈古器，游於江湖。趙孟頫嘗爲畫卧雪圖，稱易與龔璛、郭麟孫爲吳中三君子。蘇州府志八十

袁　褧　字尚之，明吳縣人。縣學生。晚耕謝湖之上，自號謝湖。累試不利，壹意汲古，家有石磐齋，蔡九逵爲之記。列朝詩傳丁集中所刻有六臣本文選、世說新語、四十家小說、後四十家小說、廣四十家小說諸書。

袁　翼　字飛卿，吳縣人。十歲能爲文，稍長益事博綜。奇文秘苑，日討尋不厭，聞有異書，輒奔走求之。餅金懸購，至解衣爲質，勿惜也。正德丙子舉於鄉。以母病不赴公車。晚益耽觕，深藏不出，讀書樹藝，自娛而已。闢小圃，藝菊數百本，嘗曰：「吾於世萬事可捐，惟積書藝菊，不能忘情。」姑蘇名賢小紀卷下

袁廷檮　字壽階，一字又愷，清吳縣人。家楓江，有小園，饒水石之勝。又得先世所藏五硯，爲樓弆之，蓄書萬卷，皆宋元槧刻及金石碑版法書名畫之屬。又得徐健庵留植洞庭山之紅蕙種之，名其室曰紅蕙山房。生平于書無所不讀，尤精於小學。先正事略卷三十六余古農先生事略

袁嘉裔　字啓人，清雍正間東台人。性耽吟好學。晚構望雲樓，蓄古書以教子，四方知名之士咸造焉。著有望雲樓集、老竹詩鈔。東臺縣志二十七

翁　栻　字猶張，吳縣人。少從金侃游。酷嗜藏書。玉峯徐司寇，蘇城顧惟岳、陸其清兩家宋

元鈔本皆乞借鈔。字畫端楷，題識歲月於後。作詩八卷曰釣采吟。七十二峯足徵集

翁澍　字季霖，清洞庭東山人。博學知名，家多藏書。能詩文，喜結納，所交率當世賢士大夫，與下堡金侃交最善，延至家塾，晨夕相對商榷古今。蘇州府志

翁長森　字鐵梅，江都人。諸生。官雲和知縣。雲和土瘠民貧，久失教養。於是購地爲農事試驗場，導農種棉，建課農別墅，刊印農業彙要，頒布四鄉。又造津寄藏書樓，置書萬卷，俾諸生得以借讀焉。鐵梅少劬于學，儲書極富。尤留意鄉邦掌故，旁搜博采，輯爲金陵叢書，遭亂力不能刊，同里蔣生蘇龕有同志，舉以畀之，今已裒然成帙矣。民國三年卒。年五十有八。碑傳集補二六陳作霖撰翁明府傳

翁廣平　字海琛，平望人。府學生。性喜異書，手自鈔錄不倦。道光元年舉孝廉方正。卒年八十二。蘇府志人物傳撰吾妻鏡補三十卷、金石集錄、續松陵文獻各若干卷、聽鶯居文鈔三十卷。姚鼐聽鶯居文鈔序

高堉　字稑原，號西疇，爲隱湖毛氏壻。凡汲古閣所藏秘本，假得之卽鈔寫，精好令人不敢觸手，蓋深擅楷法也。又善畫蘆雁。常昭合志稿卷三十二藏書家

馬曰琯　字秋玉，號嶰谷，祁門人。祖承運始家於揚。與弟曰璐合四方名碩結社韓江，人比之漢上題襟玉山雅集。著沙河逸老集十卷。年六十八卒。杭大宗道古堂集卷四三馬秋玉墓誌銘家有

叢書樓，迸疊十萬餘卷。與全祖望友善，互屬借鈔，得有異書，必出相示，鈔購窮年，不以爲疲。鮚埼亭集外編十七叢書樓記

馬曰璐　字佩兮號半槎，揚州人。曰琯弟。家有小玲瓏山館，儲書之富，著於東南。與兄嶰谷并擅清才，沈酣深造，不僅充漁獵之資。樊榭堇、浦謝山諸人咸主其家，竹西觴詠之盛，於斯爲最。著有南齋集。鶴徵後錄四

十一畫

强琳　字堯甫，清溧陽人，性純而介，志專而敏，好深湛之思。藏書逾萬卷，皆經史古書，無雜説參其間。又有算數歷律之書數百卷。强汝詢求益齋全集文集卷七三叔公堯甫公家傳

强溱　榜名瑗，字沛厓，溧陽人。嘉慶庚午舉人，官甯國教諭。于書無所不究，期于有用，而深嫉俗儒之浮僞。著有易象膚解十卷、榆窗隨筆四卷、操觚漫錄四卷、南事雋十二卷、東坡事蹟類考六卷、杜詩集評二十七卷。

强汝詢求益齋全集文集卷四佩雅堂書目總序：「先君子生平無他好，惟好讀書，自少至老，未嘗一日暫廢。游宦南北，所至輒買書。及當遷去，不能盡携，寄藏他氏，往往散失。所入稍贏輒復增購，未嘗問家人生産業。晚歲所藏尚有二萬五千餘卷，汝詢兄弟所得，又五千餘卷，

雖不可謂備，而儒家當讀之書，亦大略具焉。追維先君子之意，固欲子孫世守是書，砥礪學問，多見多聞，免於孤陋。汝詢不肖，年逾三十，學問無成，不足仰副先志。然尤思保守遺籍，不至失墮。且先君子所收之書，多手自校評，手澤所存，尤不敢不謹。因編定目序，各以類次，雖不暇一一論其得失，然亦頗述所聞，爲之序。」

張丑　原名謙德，字敍益，後改今名，字青父，號米庵，崑山人。應文子。好法書名畫，搜討古今，上自秦漢，下及當代，爲清河書畫舫十二卷，又錄所藏爲清河書畫表一卷。於萬曆乙丑得米芾寶章待訪錄墨跡，因名其書室曰寶米軒。四庫總目子部藝術類二青氈雜志

張位　字艮思，號青芝，吳縣人。有異才，志趣高遠，官直隸新樂令。就明韓襄毅公故園，葺爲青芝山堂，治薄田種秫，暇則鈔宋元人小集，所蓄書甚富。李果青芝山堂飲酒記

張弨　字力臣，清山陽人。諸生。父致中，家故貧，而所藏鼎盉碑版文甚富。精小學，辨體審音，釐正訛誤，爲學者所宗仰。弨通經博古，世其家學，專心六書，尤嗜金石文字。與顧炎武善，取鬻產之值爲刊廣韻及音學五書，手加校讐。炎武序云：「予纂輯此書三十餘年，刊削數四，又得力臣爲考說文，采玉篇，仿字樣，酌時宜而手書之，二子叶箕、叶貞分書小字，鳩工淮上，不遠數千里，紊書往復，必歸于是。」又與潘來書：「著述家最不利以未定之書傳之于人，近日力臣來札，五書改正一二百處。」又嘗嘆曰：「篤信好古，專精六書，吾不如張力臣。」五書板

存淮上，李光地以五百金購去。晚歲徧遊五嶽，皆爲之圖。書畫皆名家，後嗣衰微，其符山堂藏書，多歸何焯云。淮安府志二十九

張　翊　字惟忠，上元人。明宏治甲子舉人，官大理評事。父晟倜儻有風誼，思大其家，謂儒者經濟學問在詩書，乃多購書藏之。惟忠知父志，力學修業，非定省及父召，足不越户限。嘗從陳宗之受尚書。其學淹貫歷代史事及洪永以來朝章國故，旁及天文地理星卜草木之書，無不涉獵。一日往別墅，有自城中來者曰某坊火。惟忠曰吾里也，恐燬吾萬卷，急馳馬歸，馬羸多蹷，遂得疾，以是秋卒，年二十七。著有元名臣言行録四卷、臨蕈録，又有臨鑒録，其書不傳。金陵詩徵一七

張　雯　字子昭，元吳縣人。通音律，喜古樂府歌曲。家臨市衢，構樓蓄書，自經傳子史，下逮稗官百家，無不備。日繙閱研究，惟不喜人言科第得失、巧宦善富，故貧窶終其身。至正十六年卒，年六十四。蘇州府誌七十八，鄭元祐張子昭墓誌

張　雋　字文通，一字非仲，一名僧願，吳江人。樓居積書甚富。手録者千餘卷，擁列左右。南潯莊廷鑨聘修明史，爲作有明理學諸儒傳，其稿別行，名與斯集。史案未發，逃於僧舍，年已七十，後與潘檉章、吳炎諸人同被誅於杭州。著有西廬詩草四卷。陸心源明鈔春秋纂言跋

張　綖　字世文，高郵人。明正德八年進士，官武昌通判。罷歸，隱于南湖，自號南湖居士。構

草堂數楹，貯書數千卷，晝夜誦讀，目爲之眚，猶令人誦而默聽之。揚州府志五一

張　寰　字允清，明吳縣人。正德辛巳進士，官通政使參議。致仕歸，惟以圖史自娛。人望之蕭然有神仙之氣。蘇州府志

天祿琳琅續編漢雋有石川張氏崇古樓收藏印。式古堂書畫考解禎期臨蘭亭序有張寰跋，用張氏允清石川世居朱記。鐵琴銅劍樓書目雪樓集卷首有石川張氏崇古樓珍藏印。

張　輿　字子厚，宋常州人。登進士甲科，調青溪主簿。不之官，閉户讀書四十年，手校數萬卷，無一字舛。元祐大臣薦起教授穎州，辭不就。孫覺、胡宗愈、范祖禹交章言曰，輿且死草萊，後世必以爲朝廷失士。蘇軾言之尤切。詔拜秘書省校書郎，竟不出。崇寧四年卒，賜謚曰正素先生。宋史隱逸傳

張　爕　字子和，常熟人。乾隆五十八年進士，官刑部員外郎。爕内行純備，嫡母錢性嚴，奉養惟謹。自奉儉約，惟積書至數萬卷。常昭合志稿卷二十七其藏書處曰小瑯環福地。有虞山張氏、琴川張氏、清河伯子、蘿摩亭長、張氏圖籍諸藏印。藏書紀事詩五著有味經書屋集。年五十六卒于官。

張允垂　字柳泉，婁縣人。嘉慶辛酉拔貢，官至杭州知府。性嗜書，購藏三萬餘卷。著有海棠吟館詩文集。年六十四卒。婁縣續志卷十七

張仁濟　字敬堂，號訥齋，清昭文人。諸生。好讀書，年逾七旬不倦。家有照曠閣，藏書萬卷，多宋元舊刻。著有訥齋存稿。常昭合志稿三二

張安保　字懷之，號石樵，一號叔雅，晚更號潛翁。清儀徵人。年十九補弟子員，文名噪一時。受知于學使湯文端公金釗。應省試屢不售，遂棄舉子業，潛心聖賢之學。博稽載籍而不氾濫于詞章，以馳騁功利。惟嗜金石，工篆刻，精八分書，求者踵相接。購書萬餘卷，皆手校勘，有所得必手録之。所著有味真閣詩鈔十二卷、文鈔四卷、駢體文一卷、清暉堂詩話四卷。唯詩鈔行世，餘並火燬。所存僅晚翠軒詩鈔、味真閣詩鈔共若干卷。卒于同治甲子，年六十有三。石樵先生遺集吳昆田撰通奉石樵先生墓表

張光基　字南友，號静谷，仁濟子。諸生。篤學敦行，輯禮記諸儒論說，習禮家稱之。性亦嗜書，照曠閣藏書遂日益富。著有心萱遺詩。常昭合志稿卷三十二張仁濟傳

張邦基　張邦基墨莊漫録序：「僕性喜藏書，隨所寓榜曰墨莊。」

四庫提要，墨莊漫録十卷，宋張邦基撰。邦基字子賢，高郵人。仕履未詳。自稱宣和癸卯在吳中見朱勔釆石，又稱紹興十八年見趙不棄除侍郎，則南北宋間人也。

張金吾　字慎旃，別字月霄，光基子。諸生。彙收羣籍，合之舊藏，得八萬餘卷。闢詒經堂、詩史閣，求舊書莊以藏之。從季父海鵬校刊羣書，考據精當。嘗以列朝文苑惟金源氏多散失，蒐

集十二年乃成金文最百廿卷。又採宋元來經說八十餘種，手定詒經堂續經解一千四百三十六卷，以補通志堂經解之缺。又撰愛日精廬藏書志四十卷。其別著有釋冕、釋弁、釋龜、廣釋名、五經博士考、十七史引經考、白虎通注，總二百餘卷，皆貫穿詳核。常昭合志稿卷三十二張仁濟傳

張定球　字伯温，燮子。諸生。由國史館謄錄選興國場鹽課大使，會缺裁，授長蘆石牌場大使。蘆商狡譎，力爲振飭，竈丁刁健互詰，剖決公允。司馬筴者十六年，囊無餘貲。平生文史自娛，多蓄古金石及唐宋以來別集善本，每以顧裕愍善過格自省。卒年七十三。常昭合志稿卷二十七張燮傳

張承露　字煦涵，海鵬孫。廩生。慷慨好義，濡染家學，旁及籀隸、分隸以至國書，無不諳習。銳意進取。而連不得志。肄業成均，歿于京邸。常昭合志稿卷三十二藏書家張仁濟傳

張若筠　字竹鄰，丹徒人。好學，于書無所不窺。聞有異書，輒重價購之，或手自迻謄，矻矻不少休。同縣蔣宗海藏書三萬餘卷，多善本。君所藏踰二萬卷，而法書名畫吉金貞石之文，別爲卷軸，不在此限。京口士大夫收藏之富，推此二家。性簡重，寡言笑，不妄交。晚年益屏人事，掃一室，日坐臥其中，子弟童僕，非呼召不至前。沈潛研索，神凝氣寂，過之者以爲無人也。與兄坤弟堂相友愛。家有園亭竹木之勝，兄弟并能詩善飲，精鑒賞，暇日具壺觴，召朋

舊，流連倡和，互出所藏元明人書畫，品題甲乙以爲樂。嘉慶三年卒，年六十四。有竹林山館詩集若干卷。又選京口耆舊詩爲蒙拾集四卷。耆獻類徵卷四四〇劉台拱撰張若筠家傳

張思孝　字南陔，長洲人。諸生。有白華堂詩。吳翌鳳絳雲樓書目跋：「此册爲張子白華所藏，余嘗借閱，張子疑予藏匿不返，索還甚急，幾至面赤。張子博雅多聞，獨於書斤斤護惜，古人所謂讀書種子習氣未除。然卽此知張子能謹守勿替者矣。」

張拱端　字孟恭，山西太原人，居吳。遊必就士。橫經籍史，好學深思。錢謙益初學集三二張孟恭江南草序富藏書，與馮己蒼、葉石君友。藏書紀事詩四

張振宗　字小我，清金山人。善鑒古，收藏書畫甚富。所居曰小萬卷樓。嘗與錢熙載、張振凡建大觀書院。松江府續志

張海鵬　字若雲，一字子瑜，仁濟子。諸生。治經之暇，以欹劂爲己任。毛氏津逮秘書十五集，版久漫漶，取而汰益之，刊爲二十集，名曰學津討源。又以太平御覽爲類書冠，得影宋鈔本，詳加覆勘重刻之。又擇四部中有關實學而傳本將絕者，梓墨海金壺七百餘卷。又刻明人及時賢撰述爲借月山房叢鈔十六集。又輯金帚編。嘗謂藏書不如讀書，讀書不如刻書；讀書益己，刻書益人。卒年六十二。常昭合志稿卷三十二藏書家張仁濟傳

張紹仁　字學安，號訒庵，一號巽翁，清長洲人。喜藏書，校書心到眼到手到，在朋友中無出其

右。其藏書處曰綠筠廬、曰執經堂、曰讀異齋。士禮居藏書題跋記

張敦仁　字古餘，澤州陽城人，乾隆四十三年進士。藏書最富，其官揚州知府時，於郡廨東編葺六一堂，奉歐陽公象而儲圖籍其中，設小史掌之。彭兆蓀揚州郡齋雜詩後僑居秣陵中正街，築與古樓，顧廣圻爲之記。所藏書有張敦仁讀過文章、太守陽城張氏省訓堂經籍記諸朱記。藏書紀事詩五

張斯沆　字端儀，乾隆時清河人。斯沆承家學，藏書萬卷，鍵户不出，與張時霖同以力學聞。嘉慶十六年河圮，斯沆遺書蕩焉。清河縣志二二

張德榮　字充之，號伊蒿，長洲人。家貧力學，好古書，手鈔數百卷藏于家。顧承吳門耆舊記

張徵齋　何紹基金陵雜述詩：「貞白燒丹有舊邱，張郎觴詠劇風流。三間柏木廳猶在，可惜藏書轉角樓！」自注：「陶谷主人張徵齋藏書甚富，今餘柏木廳址。」

張蓉鏡　字芙川，昭文人。燮孫。娶姚氏名婉真，號芙初女史，亦精鑒别。其夫婦藏書印曰雙芙閣、曰芙川鑒定、曰曾藏張蓉鏡家、曰芙川張蓉鏡心賞、曰虞山張蓉鏡鑒藏、曰虞山張蓉鏡鑒定宋刻善本、曰小瑯環福地、曰小瑯嬛清秘張氏收藏、曰在處有神物護持。又曰一種心勤是讀書，則芙初女史印也。藏書紀事詩五

張應文　字茂實，號彝齋，明崑山人。監生。屢試不第，乃一意以古器書畫自娛。博綜古今，與

王世貞相善。自嘉定徙居長洲，其藏書處曰清秘藏，王穉登序，謂取倪瓚清秘閣意也。四庫總目一二三〇青氈雜志

張樹本　字子愼，淸昭文人。諸生。性好讀書，尤精校勘。嘗得元大德刊本白虎、風俗二通，命仲子琪縮寫巾箱本，行款字數及漫漶殘闕字畫悉仿之，諸序之行草書手自臨撫，觀者幾無以辨。喜吟詩，著有蟠庵詩稿。常昭合志稿卷三十二藏書家

張應時　號虛谷，淸華亭人。諸生。嘗刊陸淸獻遺書及明劉忠介人譜、黃忠端吾師錄。晚刊書之味樓叢書數百種。道光四年卒。華亭縣志卷十六張士正傳

張豐玉　初名承煥，字子謙，淸昭文人。廩貢生。官海州訓導。幼勤讀，好蓄古書，積數萬卷。工詩，尤精詞，不拘一格，妙造自然。目盲後，猶日課一首不輟。所著詞律補遺、說文通假錄皆散佚；瓶花廬詩詞鈔四卷藏于家。常昭合志稿卷二七張敦培傳

梅　春　字健男，一字壽柟，號小庾，華亭人。嘉慶十二年舉人。幼嗜學，長洲王芑孫來官教諭，授以文章原本，益自奮。聚書數萬卷，手自點勘，日夜披誦。華亭縣志

梅益徵　字復齋，淸上海人。家富藏書，遇有善本手自讐校，積數十年，成得一閣藏書志四十二卷，皆手寫稿本，惜後人不善收藏，蠹蝕强半。自稱所藏有宋槧本及名人手鈔之書，不知今尚存焉否也。姑誌于此備攷，且不沒其生平劬書之功。上海縣續志三〇

曹　炎　字彬侯，常熟人。常熟嗜手鈔者陸勑先、馮定遠爲極盛，至彬侯殿之。顧廣圻清河書畫舫題後所藏書有鶴溪主人、笠澤曹炎之印，彬侯諸圖記。拜經樓藏書題跋記武林舊事鈔本

曹炳曾　字爲章，號巢南，清上海人。諸生。工詩，有放言居詩集。是亦樓藏書頗富。丁氏藏書志

曹培廉　字敬三，炳曾子。少有文名，補諸生。因父厭家事，遂棄舉業。勤色養，拓五畝園，聚書萬卷。招勝流觴詠，以娛親志。上海縣志

曹錫黼　字誕文，號菽圃，清上海人。任太常所牧，裁缺改補員外員。藏書甚富，晨夕披覽，博而賅。著碧鮮齋詩鈔、無町詞餘。上海縣志卷二一

盛時泰　字仲交，號雲浦，金陵人。才氣橫逸，善畫水墨竹石。家有小軒，文徵仲題曰蒼潤，楊升庵爲之記。列朝詩傳丙集多藏書，前後副葉上必有字，或記書所從來，或記他事，往往盈幅。皆有鈐印。香祖筆記

章　甫　字端叔，宋吴縣人。熙寧三年進士。崇寧初，除都官郎中。陛對，抗言元祐臣僚削秩投荒者皆緣國事，非爲身謀，稍稍内徙，道路交慶。今復刻名黨籍，禁錮子孫，恐非陛下本意。上雖優容，卒與時論不合，致仕歸吴。起知泰州，尋請辭以歸。甫寡嗜慾，惟藏書萬卷，校讐精密。蘇州府志七七

章　塄　字秋水，清江陰人。幼嗜學，喜詩古文詞，工書善畫，旁及鐵筆音律，罔不精妙。藏書

五萬餘卷，顏其齋曰五萬卷藏書之室。日寢饋其中，惟不喜制舉文。著有秋水芙蕖吟館詩文諸集。江陰續志

莊　肅　字恭叔，號蓼塘，居青龍鎮。仕宋爲秘書院小史，宋亡，棄官歸。性嗜書，聚至八萬卷，手鈔經史子集，下至稗官小說，靡所不具。其書目以甲乙分十門。元至正間修宋金遼三史，詔求遺書，於其家得五百卷。上海縣志一八

輟耕錄：「蓼塘既歿，子孫不知保惜。至正六年詔求遺書，有以書獻者予一官。江南藏書多者只三家，莊其一也。繼命危學士素特來選取，其家恐兵遁圖讖干禁，悉付祝融。其孫羣玉收拾燼餘，悉載入京。」

莫雲卿　名是龍，以字行，更字廷韓，號秋水，明華亭人。工古文詞，書畫亦陵轢古今，一時名流，無敢抗席。上海縣志游寓傳得外家常熟楊夢羽藏書，偃曝餘談儲之城南精舍。有莫雲卿賞識印、雲間莫氏城南精舍藏書、思元亭、碧山樵、虛舟子、玉關山人諸印。

許心扆　字丹臣，明末長洲人。喜聚書，其岳葉九來也，故藏書具有淵源。士禮居題跋記

許元溥　字孟宏，明長洲人。父自昌中書舍人，以篤行稱。構梅花墅，聚書連屋。元溥生而沉靜，日出其書遍觀之，於經藝罔不淹通。喜購書，自號千卷生。崇禎庚午舉於鄉。蘇州府志卷八七與黃宗羲劉伯宗約爲鈔書社。梨洲思舊錄

許玉瑑　初名賡颺，字起上，號鶴巢，吴縣人。同治甲子舉人，歷官刑部郎中。老屋三楹，擁書數萬卷。座右置盆花，列酒器，吟嘯其間，雖仕亦隱。立品端介，書學魯公，駢文倚聲，無不入妙。卽以詩論，氣格高古，藴寄深微。哭弟千一百言及忌日自述諸作，至性真情，流露言表。有詩契齋詩鈔晚晴簃詩匯卷百六十二

許仲堪　字美尊，別字眉岑，清無錫人。諸生。家有藏書萬餘卷，日事研究。發爲詩文，涉筆而就。所著有種學樓詩、放翁詩注、宋詩寸錦、本朝詠物詩、螺蛤集、讀書分類隨録、印史會要、雕蟲館印譜雜譜四卷。江蘇詩徵一〇〇

許庭堅　字次谷，無錫人。嘉慶四年恩貢。父卓然藏書萬卷，庭堅枕葄其中。詩文縋幽鑿險，迥異恒蹊，工山水，秀逸天成。著有忍古齋詩文集。無錫金匱縣志卷二十二

陶　湘　字衡川，號秋水，又號楚漁，清金陵人。肆力經訓，得館穀，少給蔬食，卽以市書，庋藏之富，甲于金陵。又好漢唐以來碑版法物及宋元人手蹟，皆能辨其真贋。與程廷祚齊名，有南陶北程之目。乾隆三十六年鄉試，考官彭元瑞搜得其卷，驚曰此宿學也，乃取以殿榜，而湘年已老，一試禮部未售，遂不出。買阮氏石巢園居之，改名冰雪窩，老樹清池，頗饒古趣。金陵通傳

郭延澤　字德潤，徐州人。南唐試秘書院正字，乾德中四遷著作佐郎，轉殿中丞，知建州。淳化

二年，太宗聞延澤泊右贊善大夫董元亨皆好學，博通典籍，詔宰相召問經史大義，皆條對稱旨。命爲史館檢討，歷國子周易博士。咸平中求休退，授虞部員外郎，致仕。居濠州城南，有小園自娛。聚圖籍萬餘卷，手自刊校。景德初卒。徐州府志卷二十二下之上

陳　揆　字子準，常熟人，諸生。購古籍手自校勘，凡邑人著述及他文集之有關常邑者，自唐及今搜羅殆遍，庋諸破山寺之救虎閣。輯琴川志注、續志，世無傳，別撰十卷。又輯虞邑遺文錄十卷，補集五卷。嘗以酈氏水經注詳北略南，著六朝水道疏，鉤稽精密。唐劉賡稽瑞一卷，向來藏書未經著錄，揆得之，因以名其樓。孫原湘天真閣集無子，歿後書亦盡散。潘祖蔭爲刊其稽瑞樓書目行世。潘祖蔭稽瑞樓書目序

陳　傑　字漢臣，元靖江人。體貌奇偉，讀書不守章句。通史學，工詩歌，建萬卷樓藏古今書，積帙至于充棟。靖江縣志一四

陳　察　字原習，明常熟人。宏治十五年進士。官僉都御史，巡撫南贛，乞休歸。蘇州府志九九

鐵琴銅劍樓書目，道鄉集卷首有巨印，其文曰蘇州常熟虞山精舍至樂樓主人河南道御史陳察原習之印。

陳　墫　字仲遵，號葦汀，清長洲人。工山水，用筆幽秀似趙千里。潘曾瑩墨緣小錄嗜古書，其藏書處曰西畇草堂。士禮居題跋記珩璜新論跋

陳本禮　字嘉惠，號素村，清江蘇人。監生。素村居關南通化里，今名笊籬灣，築瓠室，藏書數十萬卷，秘本尤多。世以比范氏天一閣、毛氏汲古閣、馬氏玲瓏山館、阮氏文選樓云。著瓠室詩鈔。江蘇詩徵二八

陳作霖　字雨生，號伯雨。嘗築可園娛親，學者稱可園先生。江甯人，光緒元年舉人。三上禮部不第，歸益事撰述，著書數百卷。其最關鄉邦文獻者曰金陵通紀十六卷、通傳四十九卷、先正言行録四卷、元甯鄉土志六卷、運瀆志一卷、鳳農志四卷等，補逸表微，爲前人所未備。餘所著曰文存十六卷、詩存二十八卷、詞存四卷、可園備忘録四卷、藏書跋尾五卷、養和軒隨筆二卷。卒年八十四。碑傳集補五十三陳三立江寧陳先生墓誌銘

陳季模　鄭元祐藏書樓記：「維揚陳君季模，家馬駝沙之上，沙當揚子江之心，而百川之水悉匯焉。既久，於是至其子天鳳，字舜儀，生有異禀，自髫鬌以至於冠，惟禮義是說，惟圖籍是耽。君愛其子之嗜學也，於是以其家舊藏書合新購而得之者凡五萬餘卷，築樓於居之東，而藏書於樓之上，樓之前鑿池以瀦水，其後萬竹森立，都水庸田使白野泰公爲篆三大字以揭之，乞予爲之記。」

陳逢衡　字穆堂，清江都人，本禮子。揚州藏書之家，向推馬氏玲瓏山館，藏書八萬餘卷。其有與馬氏匹敵者，惟陳氏瓠室最知名於時。瓠室者，逢衡別業也。逢衡富有藏書，精於是正，嘗

以五色筆敍其端委，莊書簡端，朗如眉列，江浙書賈，獲一秘籍，必先造其廬，不惜千百緡購之。所著已刊者有竹書紀年集證、逸周書補注、穆天子傳注、山海經纂說數十百卷。卒年七十一。碑傳集補四十八金長福陳徵君傳

陳道復　初名淳，後以字行，更字復甫，別號白陽山人。少從文徵明遊。所棲曰五湖田舍。蘇州府志八十六多藏書。

陳煌圖　字鴻文，後更名鴻。崇禎壬午中副車，授翰林院典籍，歸隱西湖北山草堂。工篆隸，著隸釋篆韻六卷、詩集十卷、從年隨筆六卷、印可四卷。嗜舊本書，遇秘本，影寫手鈔，至老不倦。所藏書有海虞陳氏永寶圖書及名字諸朱印。常昭合志稿卷三十二藏書家其傳録本版心有鸞嘯齋藏本五字。鐵琴銅劍樓書目鹿門集

陳嘉綬　字彭年，清金山人。好學不倦，藏書甚富，其岳父陸清獻名其堂曰萬卷。金山縣志卷二十四李鉉傳

陳肇鏞　字子俶，武陽人。道光十七年舉人，官河南中牟知縣。嗜金石圖籍，所藏甚富，時稱鑑賞家。武陽志餘卷十

陳繼儒　字仲醇，號眉公，松江華亭人。爲諸生，與董其昌齊名。年甫二十九，取儒衣冠焚之，隱居崑山之陽。後築室東佘山，杜門著述。年八十二卒。明史卷二九八頗藏異册，喜鈔校舊籍。

以得顏魯公書朱巨川告身，因名其所居曰寶顏堂。又有頑仙廬、來儀堂、婉孌草堂。其所藏書畫，嘗用一印，曰一腐儒。藏書紀事詩三

陸友　字友仁，亦字宅之，元平江人。徐顯稗傳載友仁生市廛闤闠，父以市布爲業，獨能異其所好，攻苦於學，博極羣物，自號研北生。著研史、墨史、印史、杞菊軒稿、研北雜志。黃縉爲撰陸氏藏書目錄序。藏書紀事詩二

陸完　字全卿，號水邨，明長洲人。成化二十三年進士，官至吏部尚書。明史卷一八七天錄琳琅宋刻史記有水邨陸氏珍玩朱記，隆平集有水邨校藏朱記；諸臣奏議有水邨陸氏珍藏朱記。

陸伸　字安甫，太倉州人，明正德三年進士。伸縱覽羣籍，日以修學著書爲事。自先積書數萬卷，每書必疏其略于下方，間有考證，亦隨筆之。尋有匿名奏草指斥劉瑾，被誣卒于獄，士類哀之。壬癸志稿卷二

陸岳　清太倉州人。諸生。家素封，盡出以購籍，故收藏獨富。沈德潛未第時，嘗至婁中與岳談文藝。壬癸志稿五卷陸寅亮傳

陸容　字文量，明太倉州人。成化丙戌進士，浙江右參政，有式齋集。明詩綜小傳容與張亨父陸鼎儀齊名，號婁東三鳳。其藏書之富，見聞之洽，非亨父鼎儀所能及也。靜志居詩話有式齋藏書目錄。千頃堂書目簿錄類

祝允明懷星堂集甘泉陸氏藏書目序：「故浙江參政式齋陸先生丈量以雅德碩學，偉才高識，立言於憲孝兩朝。平生蓄書甚富。既歿，其子鄉貢進士安甫彙列其目并己所得者通繫者，凡爲經史子集合若干卷。」

陸　深　字子淵，號儼山，明上海人。宏治十八年進士，歷官詹事。卒贈禮部右侍郎，謚文裕。文章有名於時。上海縣志卷十八式古堂書畫考載其江東藏書目錄序云：「余家學時喜收書，然覵覵屑屑，不能舉羣有也。壯游兩都見載籍，然限於力，不能舉羣聚也。間有殘本不售者往往廉取之。故余之書多斷缺，少者或手自補，多者幸他日之偶完而未可知也。正德戊辰夏六月寓安福里，宿疴新起，命童出曝既，乃次第於寓樓，數年之積，與一時長老朋舊所遺歷歷在目，顧而樂焉。余四方人也，又慮放失，是故録而存之，各繫所得，儻後益焉將以類續入。是月六日史官江東陸深識。」

藤陰雜記，「緑雨樓陸文裕舊邸，在正陽、宣武二門之間。東曰素軒，北曰澹堂，中爲書窟。」

陸　鎔　字瓠尊，清吴江人，後寄居秀水。所藏書皆校勘精審，得一善本，丹黄不倦。殁後所藏盡散。曝書雜記陸蕢香暴書目跋

陸　漻　字其清，吴縣人。所居聽雲室，鑒藏圖籍甚富。曹溶、何焯、朱彝尊、顧維岳常往借鈔。翁方綱跋朱性甫珊瑚木難手稿有佳趣堂書目，卷首有置書年分：自康熙十四年至雍正八年。有自序。

陸　澄　字彥淵，謚靖子，吳縣人。宋泰始初爲尚書殿中郎，兼左丞。少好學，博覽無所不知。行坐眠食，手不釋卷。齊隆昌元年卒。蘇州府志七十五

同書卷七五張率傳：「……時陸少元家有父澄書萬餘卷，率與少元善，遂盡讀其書。」

陸時化　字潤之，號聽松，太倉人。嗜法書名畫，精鑒別，聚書萬卷，購善本而手校讐之。乾隆四十四年卒，年六十一。王昶春融堂集五八國子監生陸君潤之墓誌銘其藏書處曰翠華軒，前塵夢影錄所藏書有陸潤之、嘯雲軒潤之所藏、陸時化印，聽松老人諸朱記。鐵琴銅劍樓書目

陸師道　字子傳，號元洲，尋更曰五湖。長洲人。明嘉靖戊戌進士，工部都水司主事，改禮部儀制。請告歸，益肆力於學，手鈔典籍，先後積數千百卷，丹鉛儼然，小楷精絕。林下踰二十年，起補南儀部，召爲繕部郎中，擢尚寶少卿，告歸。卒年六十四。無聲詩史

陸貽典　字敕先，號覿庵，常熟人。諸生。博學工詩。其論詩謂法與情不可缺一。工書法，尤長漢隸。篤於友誼，馮鈍吟、孫岷自之遺稿皆其所編輯付梓。貽典歿，所著詩亦賴友人張文鑌之子道鋕付梓於蠹蝕之餘，人謂食報不遠也。藏書多善本，與馮己蒼、葉石君有無通假，勤於迻録，尤精校讐，所藏有其名字朱印。著有元要齋漸子諸集。常昭合志稿卷三十二藏書家

魚　翼　字振南，一字天池，自號烏目山樵，雍正時人。性嗜書，所居臨街小樓名曰閑止，收藏

古今名蹟甚夥。俗子請觀，拔梯不令上。所藏多善本，少時及見石谷子鶴諸畫家，兼好畫，著有海虞畫苑略若干卷。所藏書有其名字及閑止樓珍藏印。常昭合志稿卷三十二藏書家

魚元傅　字虞岩，昭文人，翼子。亦嗜書，尤好金石文字。窮岩絕壑，手自摹搨，證以志傳。秦漢銅器、宋元名蹟，立辨真贗。熟於里中掌故，邑志缺佚及違異者，搜討古籍及名賢碑版訂誤拾遺，人推舊獻焉。坐臥小樓，自言魚氏居此十四世矣。所藏書有其父子姓名及閑止樓珍藏、魚東川藏書朱印。常昭合志三十二魚翼傳

屠　蘇　字元飲，原名鐘，字伯洪，吳人。祖疏村先生精岐黃，好古，藏書最富。蘇耽誦古書，由周秦迄近代，藏庋多善本，手校精確，味根得腴。絀於治生，得鏹輒易名書佳繪，吉金樂石。善鑒賞圖籍書畫，某年著，某家藏，欵識真贗，覼縷不失絫黍。咸豐三年卒，年五十。碑傳集補五十張元培屠君元飲小傳

都　穆　字元敬，明吳縣人。宏治己未進士，官太僕少卿。嘗奉使至秦中，訪其山川形勢故宮遺壤，作西使記。搜訪金石遺文，作金薤琳琅。歸老之日，齋居蕭然，日事探討。或至乏食，輒笑曰，天壤間當不令都生餓死。吳門有娶婦者，夜風雨大至，滅燭，徧乞火無應者。雜然曰，南濠都少卿家有讀書燈在，叩其門，果得火。其老而好學如此。列朝詩傳丙集時楊祝都唐，每得一異書，則爭相誇尚以爲樂，故其所傳皆卓然名世。文嘉何水部集跋邊貢嘗贈以詩云：「才高憐

晚達，十載尚爲郎。書買黃金盡，愁生白髮長。夏曹分武庫，秋殿別文昌。木脫霜臯冷，何人共採芳。」邊華泉集

十二畫

彭　年　字孔嘉，明吳縣人。性穎異，嗜讀書。詩宗盛唐，旁及香山、郢州。精法書，宗顏歐。以貧死。列朝詩傳丁集中自號隆池山樵，其藏書處曰寒綠堂、曰雲光閣。藏書紀事詩二

彭桐橋　清吳江人。幕游於外，見善本書必典衣傾囊購之。所得幕俸，盡以置書，歷三十餘年，積書數萬冊，乃築此靜坐齋以藏之。翁廣平與之善，嘗數至其齋，或檢某書，或檢某故事，桐橋令其諸子曰，在某架某部第幾冊第幾卷，不差毫髮。蓋桐橋之書皆親自校訂，丹黃并下，故能熟記若此！有此靜坐齋書目四冊。翁廣平聽鶯居文鈔此靜坐齋書目序

彭啟豐　字翰文，號芝庭，吳縣人。雍正三年殿試第一，官至兵部尚書。先是乞養歸，爲娛奉太夫人故，簣山濬池，蒔花竹，極園林之勝，擁萬卷嘯哦其間，雖大耋聰強不衰。乾隆四十九年卒，年八十四。湖海文傳五十袁枚兵部尚書彭公神道碑

惠　棟　字定宇，號松厓，長洲人，周惕孫。自幼篤志向學，家多藏書，日夜講誦。雅愛典籍，得一善本，傾囊勿惜。或借讀手鈔，校勘精審，於古書之真僞，瞭然若辨黑白。錢大昕潛研堂集三九

惠先生棟傳所藏書有惠棟定宇紅豆山房所收善本諸印。持静齋書目乾象變異録

惠士奇　字天牧，一字仲孺，世居吳縣東渚邨，周惕子。康熙四十八年進士。晚年自號半農居士，鄉人因其齋名稱紅豆先生。以古學世其家。自少篤志經術，及官翰林，公暇日手一編，孜孜矻矻，無須臾間。晚年學益精粹。碑傳集四十六楊超曾惠公墓誌銘

惠周惕　原名恕，字元龍，號研溪，吳縣人。康熙辛未進士，密雲知縣。所居曰紅豆書屋，自號紅豆主人。鶴徵前録三有惠氏百歲堂書目三卷。

程　勳　字懋哉，清吳江人。早補諸生。詩文法柳之州，簡峭有法。藏書數千卷，多宋元舊本。尤喜金石碑刻，購至二千餘卷。著有懋齋未定稿。江震人物續志卷十

程世銓　字叔平，號念鞠，別號鞠莪。清長洲人。喜蓄書，與顧廣圻同門相得。藏書紀事詩六

程晉芳　初名廷鐄，字魚門，一字蕺園。祖居新安，治鹽於淮，因家焉。乾隆初，兩淮殷富，程氏尤豪侈，多蓄聲色狗馬。魚門獨好儒，罄其貲購書五萬卷，招致方聞綴學之士與共討論。癸未南巡，召試第一，賜中書舍人、辛卯舉進士。未幾開四庫館，任纂修，授翰林院編修，卒年六十七。袁枚小倉山房文集二六翰林院編修程君墓誌銘有桂宧書目若干卷。

程維岳　字愛廬，金山人，原籍嘉善。乾隆四十五年進士，由內閣中書歷官山東道御史、軍機處行走，頗爲大學士阿桂所知，充萬壽盛典館提調兼方略館總纂。南巡盛典、盛京通志、遼金元

史薩拉爾台灣巴勒布等紀略皆與編纂。事嗣母錢、本生母張以孝聞。丁本生母憂歸，不復出。購書二萬卷，日漁獵其間，所著有淞笠齋詩墨等書。金山縣志卷二十一

華　夏　字中父，明嘉靖時人。藏書極富，多宋元善本。藏書處名真賞齋，豐道生爲作賦，歷敍源流。藏書紀事詩三

華　珵　字汝德，明無錫人。以貢授大官署丞。善鑒別古奇器、法書名畫，築尚古齋，實諸玩好其中。又多聚書，所製活板甚精密，每得秘書，不數日而印本出矣。無錫金匱縣志卷二十五

華　堅　明無錫人。天祿琳琅，白氏長慶集每卷末有錫山蘭雲堂華堅活字銅版印記。藏書紀事詩七

華　燧　字文輝，明無錫人。少於經史多涉獵，中歲好校閱同異，輒爲辨證，手録成帙。遇老儒先生，卽持以質焉。既而爲銅字版以繼之，曰，吾能會而通之矣。乃名其所曰會通館，人遂以會通稱；或丈之，或君之，或伯仲之，皆曰會通焉。有田若干頃，後以多劬書故，家少落，漠如也。三子塤、奎、壁。邵寶通會君傳

華湛恩　字孟超，清道光時人。諸生。官太和教諭。藏書數萬卷。熟於邑中掌故，著錫金志外一書。無錫金匱縣志二十二

賀　裳　字黃公，明丹陽人。有少賤齋集。載酒園詩話天祿琳琅，詩緝，明趙府刊本，有賀黃公藏

書印。

賀　鑄　賀方回名鑄，衛州人。自言唐諫議大夫知章後，故號鑑湖遺老。長七尺，鬚眉聳拔，面鐵色。博學強記，工語言，深婉麗密如次組繡，尤長於度曲。家藏書萬餘卷，手自校讎，無一字脫誤。所與終始交厚者惟信安程俱致道。葉石林賀鑄傳

賀方回本山陰人，徙姑蘇之醋坊橋。有小築在盤門之南十餘里，地名橫塘。方回往來其間。中吳紀聞

方回貌奇醜，俗謂之賀鬼頭。喜校書，朱黃未嘗去手。潘邠老贈方回詩云：「詩束牛腰藏舊稿，書訛馬尾辨新讐。」有二子曰房、曰廩，於文房從方，廩從回，蓋寓父字於二子名也。老學庵筆記

方回居吳下昇平橋及橫塘別墅，藏書萬餘卷。太平清話

又云：鏡湖本慶胡也。避漢安帝父清河王諱，改爲鏡湖。故賀方回自號慶湖居士。

企鴻軒在昇平橋，賀鑄所居，其親題書籍云昇平地。蘇州府志

高宗渡江，書籍散失。紹興初，有言賀方回子孫鬻故書於道者，上命有司市之。建炎以來朝野雜記

野客叢談，僕得毘陵賀方回家所藏繕寫嵇康集十卷。

天禄琳琅藏吕氏春秋有鏡湖遺老識語云:「此本得於東牟王氏，四明使君於元豐初奉詔修書於資善堂，嘗取太清樓藏本爲之校定。元祐壬申，余喜得此書。校讐始就，爲一客挾去，後三年見歸，因募筆工録之。」

馮　武　字竇伯，別號簡緣。家世多書籍，喜校繕，書有上黨大馮、孱守居士、長樂、已蒼、空居閣、癸巳人諸朱印者，武從父舒也。有定遠、二癡諸朱印者，武從父班也。有彦淵、知十讀書記諸朱印者，武父知十也。武所藏則有海虞馮氏、簡緣馮氏藏本諸朱印。隱湖毛氏刊書多經武校定。兼工書，陳瑚贈以詩有「鵝羣書帖雙鉤聖，牛角巾箱萬卷湓」之句。著有書法正傳二卷、遥擲稿十卷。常昭合志稿三十二藏書家

馮　班　字定遠，明常熟人，舒弟。爲人儻蕩悠忽，動不諧俗。胸有所得，輒曼聲長吟，行市井間。里中指目爲癡，怡然安之，遂自署曰二癡。著有鈍吟雜録。海虞詩苑四與其兄舒並以藏書著稱於時。

馮　舒　字已蒼，號默庵，別號癸巳人，一號訒道人，又號孱守居士，明常熟人。復京子。與弟定遠有二馮之目。爲人悻悻負氣，觸忤縣令，會撰懷舊集成，遂坐以訕謗曲殺之，士林痛惜焉。海虞詩苑二富藏書，多異本。

馮晉昌　字樹卿，婁縣人。拔貢生，授桃源教諭。性坦易，嗜學，愛聚書。工爲唐人律賦。松江

馮復京　字嗣宗，明常熟人。藏書萬卷，多精本。宋元本經眼録鹽鐵論馮武跋

黄　琳　字美之，號蘊真，明長洲人。式古堂書畫考，米元暉五洲圖有江表黄琳、黄美之、黄氏淮東書院圖籍朱記。

黄　煜　又名熙，字郁文，晚號陶然，清上海人。少卽穎悟異常兒，稍長，喜讀書，入里塾，以塾中書爲不足觀，則益購古書讀之。久之積書多，乃釐其善本，別撰目録而自序之。所著有陶然詩集二卷、金閶雜詠一卷。陸錫熊寶奎堂集卷九陶然黄君家傳

黄　標　字良玉，明川沙人。藏書甚富，必手自校閱。陸文裕深之甥也，深臨文有疑義，必屬標考核。與人談經濟，鑿鑿可行。輯古今説海一百四十二卷，選陸文裕集一百卷。著有書學異同二十二卷、縣志稿十卷，俱燬於倭。惟戊子、庚子兩稿尚存。川沙廳志卷十

黄之雋　字石牧，號唐堂，初名兆森，字若木，華亭人。康熙六十年進士。倜儻自喜，初罷官歸，囊無餘資，惟嗜蓄書，著目者二萬餘卷。其爲學排陸王而尊程朱，縱覽浩博，才華富瞻，下筆不能自休。撰述甚富，有唐堂集五十卷，又補遺二卷，續集八卷。嘗集句爲香屑集十八卷。乾隆十三年卒。清史列傳雪橋詩話餘集三，黄石牧中允後書目序云：「歲丁未之十月罷官歸，囊篋無所蓄，獨蓄書倍前。遂并前所儲，合爲目録，經史子集之正大者共二萬有餘卷，餘雜細者

八百八十餘册，不計卷附焉。囊夢中得句云：『産業略添書數種』者是矣。而惜乎老矣！」江南通志開館金陵，實主裁斷，王中安爲題擁書萬卷圖云：「一區宅寄水雲間，萬卷書隨杖履還，但有青箱映華髮，便令黃浦似匡山。烏皮几上春風滿，秋樹根邊落照閒。回首東堂懸典册，至今手筆憶楊班。」謂其雍正初以撰文稱旨也。

黃丕烈　字紹武，號蕘圃，或題蕘夫，亦曰老蕘，一署復翁，亦曰復初氏，亦曰復見心翁，又號廿止醒人；五十後號知非子，晚年又自號抱守主人、秋清逸叟，吳縣人。乾隆戊申舉人。喜藏書，購得宋刻百餘種，學士顧莼顏其室曰百宋一廛，顧千里爲之賦。蘇州府志卷八十三 其讀書於板本後先，篇第多寡，音訓異同，字畫增損，及其授受源流，繙摹本末，下至行幅疏密廣狹，裝綴之精粗敝好，莫不心營目識，條分縷析，積晦明風雨之勤，奪男女飲食之欲，以沉冥其中。尤嗜宋本，嘗自號佞宋主人。王芑孫黃蕘圃陶陶室記 乾嘉以來藏書家，當以丕烈爲一大宗。其藏書之印曰百宋一廛、曰讀未見書齋、曰陶陶室。其藏詞曲之所曰學山海居，又間有署紅椒山館學耕堂者。刊士禮居叢書，爲學者所重。有士禮居藏書題跋記六卷、續録二卷。藏書紀事詩五

黃存恕　字勿之，清常熟人。如珽子。八歲能詩，詞旨清雋。所著二川詩草，王鳴盛選入苔岑集。年二十九卒。所藏書有名字朱印。常昭合志稿三十二藏書家黃如珽傳

黃如珽　字楚惟，清常熟人。與金壇蔣衡稱莫逆，衡嘗寫十三經於廣陵，校謬正訛，如珽之力居多。好古書，所藏有其名字朱印。著無盡藏集。常昭合志稿三十二藏書家

黃廷鑑　字琴六，常熟人。少游趙同䎘、王庭筠之門，精考證。研摩羣籍，手校者百數十種。館照曠閣、愛日精廬，兩家多藏書，校讐錯脫，實事求是。尤練於邑中掌故，撰琴川三志補記、續記。常昭新志季錫疇第六絃溪文鈔序

黃居中　字明立，號海鶴，晉江人，寓居金陵。萬曆十三年舉人，官上海教諭。構千頃堂藏書。著有千頃堂集、文廟禮樂志、文徵、論世錄。金陵通傳二十一丁遂

黃省曾　字勉之，吳縣人。舉嘉靖辛卯鄉試，從王守仁、湛若水游，又學詩於李夢陽。所著有五嶽山人集。明史卷二八七文徵明傳弱冠與其兄魯曾散金購書，覃精藝苑。列朝詩傳丙集王鏊稱其好蓄異書，爲之訓釋，多得原旨。中鑒錄序

黃姬水　字淳父，吳縣人，省曾子。有文名，學書於祝允明。明史二八七文徵明傳富藏書，式古堂書畫考，趙文敏書畫册黃姬水跋，題丙寅上日定靈子黃姬水，有姬水、黃孟二朱記。天祿琳琅，明板追昔游詩集有黃印姬水、積山二朱記。

黃溶源　號次香，川沙高行鎮人。諸生。藏書素富，才華淵博，工詩，極清雋。著延秋館詩稿。川沙廳志

黃虞稷　字俞邰，一字楮園，明金陵人。本晉江籍，以父居中官南京國子監，遂家焉。居中銳意藏書，老而彌篤，自爲舉子以迄學官，脩脯所入，衣食所餘，未嘗不以市書。藏書千頃齋中，約六萬餘卷。虞稷又裒聚而增益之，不下數千卷。錢謙益有學集卷二十六黃氏千頃齋藏書記　黃宗羲次族姪俞邰見贈詩：「秣陵焦氏外，千頃聚書多。石户樓千秘，宗人許再過。從來耽怪牒，豈以易鳴珂？況說今加富，應知有鬼訶。」有千頃堂書目。

黃魯曾　字德之，吳縣人。正德丙子舉人。嚴嵩聞其名，欲招致之，不能得也。父授產千金，悉以置書。列朝詩傳丁集上

黃翼聖　字子羽，明太倉人。崇禎中以諸生應聘，起家蜀新都知縣，升安吉州知州。致政歸，削迹息心，築蓮蕊樓，自號蓮蕊居士。性好古銅磁器及宋雕古書，搜訪把玩，如美人好友。己亥卒，年六十四。錢謙益有學集卷三十一黃子羽墓誌銘卷二十六蓮蕊樓記有有明黃翼收藏圖朱記。

焦竑　字弱侯，號澹園，明上元人。萬曆己丑進士第一，授翰林修撰，謫福甯州同知。追謚文憲。有澹園集。明詩綜小傳藏書兩樓，五楹俱滿，一一皆經校讐探討。澹生堂藏書訓有澹園焦氏珍藏、子子孫孫永保、抱甕軒、竹浪齋品、弱侯、漪南生諸藏印。有焦氏藏書目二卷。

十三畫

褚人穫　字學稼，長洲人。太學生。慷慨好施與。嗜學述古，尤熟史略。購得異書，矻矻手鈔數十百種。著有讀史隨筆、退佳瑣録等書。長洲縣志

楊　棨　字羨門，號蜨庵，丹徒人。道光乙酉選貢。天資穎悟，博貫古今，經史子集，靡不研究。手選羣書以等身計。善談名理，尤善徵考。凡文獻之逸於野者必搜訪録志。爲詩文詞，清雅拔俗。咸豐癸丑避兵如皋，僑居中擁書數十篋，披誦無虛日。所著有京口山水志十八卷、蜨庵賦鈔二卷、詩鈔四卷，俱梓行。其選定諸籍，或藏於家，或借刻他氏云。年七十五卒。丹徒縣志三十二

楊　儀　字夢羽，號五川，明常熟人。嘉靖丙戌進士，授工部主事，轉禮兵二部郎中。辭官歸後，日以讀書著述爲事。有高坡異纂、南宮集。耽嗜古書，其書室曰七檜山房。別構萬卷樓，多聚宋元舊本及法書名畫鼎彝古器，江左推爲博雅。然性高亢，恃才傲睨，爲時所嫉。與錢籍不協，籍家奴爲盜事發，當道以問儀，儀不爲隱，錢家人遂誣儀子殺人，困辱至斃。儀亦憤恨尋卒。外孫莫是龍白其寃於巡按，捕籍子二，死獄中，而儀之書遂盡歸松江莫氏矣。其所藏有楊夢羽氏、華陰世家、楊儀夢羽收藏圖書諸朱印。常昭合志稿三十二藏書家

楊循吉　字君謙，明吳縣人。成化二十年進士，授禮部主事。善病，好讀書，每得意，手足踔掉不自禁，用是得顛主事名。明史文苑傳致仕年方三十有一。居家好蓄書，聞某所有異本，必購求繕寫。結廬支硎山下，課讀經史，以松枝爲籌，不精熟不止，多至千卷。卒年八十九，其詩文爲松籌堂集。列朝詩傳丙集家本素封，以購書故，晚歲赤貧。所藏書十餘萬卷，纂其異聞爲奚囊手鏡。澹生堂藏書訓略既老，散書與親故，云「令蕩子爨婦，無復著手，亦一道也」。人海記其題書廚詩：「吾家本市人，南濠居百年。自我始爲士，家無一簡編。辛勤二十載，購求心頗專。小者雖未備，大者亦略全。經史及子集，一一義貫穿。當怒讀則喜，當病讀則痊。恃此用爲命，縱橫堆滿前。當時作書者，非聖亦大賢。豈待開卷看，撫弄亦欣然。奈何家人愚，心惟財貨先。墮地不肯拾，斷爛無與憐。朋友有讀者，悉當相奉捐。勝付不肖子，持去將鬻錢。」又鈔書詩云：「沈疾已在躬，嗜書猶不廢。每聞有奇籍，多方必羅致。手錄兼貿人，恆輟衣食費。往來繞案行，點畫勞指視。成編亦艱難，把玩自珍貴。家人怪我癖，既宦安用是？自知身有病，不作長久計。偏好固莫捐，聊以從我意。」是時吳中藏書家，多以秘册相尚，若朱性甫、吳原博、閻秀卿、都元敬輩皆手自鈔錄，今尚有流傳者。實君謙倡之也。靜志居詩話所居號雁蕩村舍，藏書處名臥讀齋，有雁村居士印。藏書紀事詩二

楊復吉　字列歐，吳江人。乾隆三十七年進士，歸班需次，時年未及壯。好聚書籍，古文說部，

流覽殆徧。嘉定王光禄鳴盛主講笠澤書院，與辨論古今，深推服之。著遼史拾遺補五卷、夢蘭瑣筆等書。江震人物續志卷四

虞　堪　字克用，一字勝伯，宋丞相允文諸孫，後家長洲，隱居行義。家藏書甚富，多手自編輯。雅重先世手澤，聞有雍公遺文，千里外必購得之。姑蘇志

克用爲雲南府學教授，卒於官。子鏞教授里中。孫湜始去儒。湜之子權家益貧，斥賣先世故物，以供衣食。權死時，勝伯遺文及所藏詞翰無慮數篋，妻子以魚罾裹置屋梁，久之，并其罾亡矣。徵文獻者爲三歎焉。列朝詩傳甲前集

皕宋樓藏書志，何水部集三卷，文嘉跋云，後有虞茂題一詩，而用虞戡之印，戡字勝伯，茂或其別名也。

又鼓枻稿一卷，元虞戡叔勝撰。昌熾案，勝伯一字叔勝，倪雲林有次韻叔勝先生詩。亦號青城山樵，楊廉夫鄧羽詩序云，至正庚寅，予游錢塘，過四壁山中，與青城山樵遇，出示古劍，其先世雍國所遺。卽指戡也。藏書紀事詩二

虞子賢　元末人。世居支塘。家藏書史及古今法書名畫甲於三吴。又得朱子城南褉詠真蹟，構堂貯之，顏曰城南佳趣。崑山秦約爲之記。宋文憲濂謂子賢博雅好古，絶出流俗之上。

常昭合志稿三十二藏書家

萬　欽　明江都人。嗜古書，構樓五楹，藏書數千卷。江都縣志二十三

葛　澗　字子東，明江都人，欽子。藏書至萬部。博學有名理，嘗撰明人物編，起洪武迄嘉靖，人爲列傳甚悉。從湛若水游，有名於時。揚州府志卷五十一

葛　鼐　字端調，崑山人。太常卿錫璠子。崇禎三年舉人。錫璠有八子，皆好學，藏書卷以萬計。鼐上有三兄，幼相師友。嘗與兄靖調暑夜共帳，苦蚊，詁史事達旦，誤者罰驅蚊，錫璠聞而心喜，乃盡畀諸子藏書，而鼐益購所未備書，所藏逹三萬卷。有觸卽書，出所嘗評隲自左、國、史、漢迄唐宋八家外，復輯二十二家，海內號稱葛板。巳山先生集卷九明孝廉葛端調三世墓表

葛天民　字聖逸，一字春台，清江都人。精易象，通醫學。慨然矢心濟世。博採名山宿老諸遺編，聚書萬卷。審思切究，折衷以歸劃一，纂訂至百易其稿。撰醫易廿卷、內經類疏附難經金匱要略雜病四十卷、傷寒集註十卷、鍼灸圖四卷、本草提要四卷。年八十二，以無病終。江都縣志卷二十七

葛香士　清道光時蘇州人。居林屋山，鑿壁爲架，以藏古書。中有天聖李季所編朝象通鑑等八種，皆寫本，世上絶無僅有者。鐵橋漫稿卷八書葛香士林屋藏書圖後有包山葛氏澂波皓月樓藏書目，張鑑爲撰記。

葉　奕　字林宗，吳縣人。好學，多藏書。七十二峰足徵集搜訪不遺餘力，每見案頭一帙，必假歸，躬自繕寫，篝燈命筆，夜分不休。與錢曾互録秘册，雖昏夜叩門，兩家童子，聞聲知之。讀書敏求記

葉　盛　字與中，明崑山人。正統十三年進士，官至吏部左侍郎，成化十年卒，謚文莊。明史卷一七七

崑山葉文莊公盛宅在東城橋西。公生平嗜書，手自讐録，至數萬卷。嘗欲作堂以藏之，取衞風淇澳學問自修之義，名曰菉竹。至公之元孫恭煥，堂乃克成，王世貞爲記。恭煥又於宅東作菡園，其孫工部國華拓園增葺，嘗掘地得泉，味甘色白，因自號白泉云。乾隆蘇州府志

錢大昕潛研堂集五江雨軒集跋，文莊藏書之富甲於海內。服官數十年，未嘗一日輟書。雖持節邊徼，必携鈔胥自隨。每鈔一書成，輒用官印，識於簡端。其風流好事如此。

鐵琴銅劍樓書目，論語一卷，文莊藏書。張棟記云：文莊殁後百十有餘年，而其圖書府扃鑰未疏。此帙有鎮撫燕雲關防巡撫宣府關防印。

文莊儲藏之目，爲卷止二萬餘，然奇秘者多亞於册府。二百年子姓蕃衍，瓜分豆剖，難以復聚。今披菉竹堂目，商盤瀏鼎，要非近代物，惜不可得而覩矣。静志居詩話

葉廷甲　字保堂，清江陰人。沈酣典籍，博聞彊記。藏書至五萬卷，築靜觀樓庋之。暇即兀兀披閱，其名臣遺老著述未傳者，爲梓行之。年七十外，徧歷江浙名勝，聞四明范氏天一閣儲書甲天下，踰錢塘往訪，徧閱所藏庋而還。卒年七十九。著書凡十數種。江陰縣志卷十七

葉昌熾　字鞠常，晚號緣裻廬主人，長洲人。光緒己丑進士，官侍講。校勘學冠當代，瞿氏鐵琴銅劍樓書目、蔣氏鐵華館叢書、潘氏功順堂叢書均其所審定。又隱括歷代藏書源委爲藏書紀事詩七卷，示學者讀書津逮。論列古今石刻，發凡起例，創通大義，成語石十卷。其奉命督甘肅學政時，校士之暇，兼訪古跡，爲邠州石室録三卷。民國六年卒，年六十九。碑傳集補九曹元弼葉侍講墓誌銘其讀書處曰奇觚廎。藏書紀事詩七

葉奕苞　字九來，一號二泉。清崑山人，文莊公盛裔孫。所居下學齋，蓄書甚富。有下學齋圖書記一印。藏書紀事詩二

葉恭煥　字伯寅，號括蒼山人。明崑山人，盛元孫。嘉靖丙午舉人。家有菉竹堂，藏書甲當代。蘇州府志

葉夢得　字少蘊，宋吴縣人。紹聖四年進士，高宗朝除尚書右丞、江東安撫使，知建康府行宮留守。居吴興弁山，自號石林居士。宋史

馬端臨經籍考引葉氏過庭録曰：「公卿藏書家，惟宋宣獻擇之甚精，止三萬許卷，而校讐精密。吾家舊所藏，僅與宋氏等，而宋氏好書人所未見者吾不能盡得也。自六經諸史與諸子之善者通有三千餘卷，讀之固不可限以數，以二十年計之，日讀一卷，亦可以再周。其餘一讀足矣。惟六經不可以一日去手，吾自登科後，每以五月後天氣漸暑，不能泛及他書，卽日專誦六經一卷，至中秋時畢，謂之夏課。守之甚堅，宣和後始稍廢，歲亦必一周也。」

避暑録話：「余家舊藏三萬餘卷，喪亂以來，所亡幾半。山居狹隘，餘地置書無幾，雨漏鼠齧，日復蠹敗。今歲出曝之，兩旬纔畢。其間往往多余手鈔，覽之如隔世事。因日取所喜觀者數十卷，命門生等從旁讀之，不覺至日昃。」

靖康俶擾，中秘所藏與士大夫家者悉爲烏有。南渡後惟葉少蘊少年貴盛，平生好收書，踰十萬卷，寘之霅川弁山，建書樓以處之，極爲華焕。丁卯年其宅與書俱蕩一炬。揮麈録

直齋書録解題：「石林集一百卷，葉夢得撰。其居在弁山下，奇石森列，藏書數萬卷。既歿，守者不謹，屋與書俱燼於火。」

葉樹廉　一名萬，字石君，吳縣人。性嗜書，世居洞庭山中。嘗游虞山，樂其山水，因家焉。所至必聚書，常捐衣食之需以購書，多至數千卷。會鼎革兵燹，盡亡其資財，獨身走還洞庭。其

鄉人相與勞苦，石君顰蹙曰，資財無足言，獨惜我書耳！鄉人皆笑之。已，復居虞山，益購書，倍多於前。石君所好書與世異，每遇宋元鈔本，雖零缺單卷，必重購之，世所常行者勿貴也。其所得書條別部居，精辨真贋，手識其所由來，識者皆以爲當。年六十七，卒於家。徐乾學憺園集三四葉石君傳 其藏書題跋多題南陽轂道人，或題南陽道轂。其印曰樸學齋、曰歸來草堂、曰金庭玉柱人家。藏書紀事詩四

十四畫

趙　均　字靈均，明吳縣人。家有小宛堂，藏書甚富。身後書盡散。錢謙益初學集五十五趙靈均墓誌銘

趙　琳　字君善，宋崑山人。嘉泰中進士，官常州教授。後以朝散大夫直寶章閣致仕。題其居曰頓庵，自號如舟。清修寡慾，室無媵妾，惟藏書萬卷。蘇州府志卷九一

趙　鈺　字有能，號訥齋。清新陽人。附貢生，以能文名。性風雅，愛收藏，嘉湖書賈，駢集其門，見善本輒購，不惜重金。卒年七十一。著有退省録若干卷。新陽趙氏清芬録訥齋公述略

趙元考　字彥若。後山談叢，澄心堂，南唐烈祖節度金陵之燕居也。趙內翰彥若家有澄心堂書

目，才三千餘卷。有建業文房印，後有主者皆牙校也。

又云，建業文房書目三千餘卷，有金陵圖書院印。

又云，趙元考用寒食麵、臘月雪水爲黏，則不蠹。南唐賁黏用黃丹，王文獻公以皁莢末置書葉間，然不如也。

趙元益　字靜涵，新陽人，青來曾孫。年二十補士弟子員。太平軍尅蘇常，避寓滬上。時蘇城舊家避寇蕩口鎮者鱗次櫛比，故凡珍異之物，如黃蕘圃士禮居、汪閬源藝芸精舍所藏宋元板本及名人鈔校本咸集於市。元益素好書舍，不惜典質以購之，輦致滬寓，釐次卷帙，分別部居，悉心校讀，每至夜分不休。同治己巳，就江南製造局之聘，入繙譯館，與西士林樂知、傅蘭雅輩譯述西學，以館俸所入，先後刊布各書，大半皆黃汪二家舊藏本，凡十有五六種，朱子韓昌黎集考異十卷及鄉先輩龔安節野古集三卷其尤著者。光緒戊子成舉人，明年會試報罷，隨薛福成出使英法，差旋，不樂仕進，復入館譯書。壬寅卒，年六十三。新陽趙氏清芬錄

趙宗建　字次侯，清常熟人。家有舊山樓，藏書甚富。稍舊之册，不以示人。藏書紀事詩七

趙青來　字宸望，號朖廡，清新陽人。博綜經史，務爲根抵之學。晚年於舍旁增拓三楹，額曰高齋，購書萬卷實之。卒年六十四。新陽趙氏清芬錄

趙能靜　清常熟人。鄧邦述羣碧樓善本書録舊敍：「余年二十二始就外傅於虞山，外舅趙能靜先築天放樓，藏書數萬卷，得讀未見之籍。」

趙宧光　字凡夫，明吳縣人。與妻陸卿子偕隱寒山，搆小宛堂，藏書其中。蘇州府志一一一

趙琦美　字文度，明常熟人，文毅公用賢子。天性頴發，博學强記。以父蔭歷官刑部郎中。生平損衣削食，假書繕寫，朱黄讐校，欲見諸實用。得善本，往往用賢序而琦美刊之。其題跋自署清常道人。其藏書之室曰脈望館。官太僕丞時，嘗解馬出關，周覽博訪，上書條奏方略，隨例報聞，遂以使事歸里。著有洪武聖政記、僞吳褉記、容台小草脈望館書目。常昭合志稿三十二藏書家歿後，其書盡歸錢謙益家。讀書敏求記

十五畫

談樸升　字堯階，一字旦泉，號榆村。以歲貢選揚州訓導。晚乃潛心經學。有用拙齋小酉山房，藏書甚富。著有周易圖象通解。金陵通傳卷三十四

劉　昌　字欽謨，明吳縣人。正統九年鄉試第一，明年會試第二，歷官廣東左參政。乾隆蘇州府志博學多聞，所蓄書與崑山葉文莊公等。吳寬匏翁家藏集卷五十一跋劉參政與楊君謙手簡

劉　鳳　字子威，長洲人。嘉靖甲戌進士，官至河南按察僉事。有澹思、太霞二集。明詩綜小傳

超絕有奇質。家多藏書，學勤博記，安世之篋，不足稱焉。魏學禮劉子威文集序其藏書處曰厞載閣、曰清舉樓、曰樅廡。劉子威文集

劉　斁　阮元揅經室集二集卷二揚州文樓巷墨莊考：「揚州文樓巷墨莊者，宋劉斁、武賢、滁三世之所居也。劉式者李唐新喻人，生五子。其第四子立德，立德生斁，斁生武賢，武賢生滁，滁生靖之、清之。

式字叔度，開寶中隨李氏入宋，官工部員外郎，判三司磨勘司，贈太保禮部尚書。妻陳夫人既寡，以遺書教諸子曰，先大夫秉行清潔，有書數千卷以遺後，是墨莊也，安事隴畝，諸子怠於學者則爲之不食。由是諸子皆以學爲郎官，孫廿五人，世稱墨莊夫人。此宋初墨莊之在江西者也。

立德官秘書監，贈太尉。斁官太中大夫，歷守淮揚池睦温，始遷居於揚州文樓巷。武賢官承議郎，知盱眙縣，生滁於全椒。滁字全因，兩監潭州南嶽廟，以通直郎致仕。武賢歿，妻李氏當建炎時識揚州將亂，與滁避地江西，故兵戈不能害之。滁妻趙氏，賢而文，夫婦手寫經以課子，靖之子和官贛州教授，清之子澄判鄂州，與朱子羅願相友善。滁請吳説、徐兢各以所善楷篆書墨莊字，此墨莊之在北宋及南宋初，而羅願鄂州集所謂太中以來居揚州文樓巷者也。」

劉台拱　字端臨，寶應人。乾隆三十五年舉人，官丹徒訓導。時四庫館開，台拱在都與朱筠程、晉芳、戴震、邵晉涵、任大椿、王念孫等遊，稽經考古，旦夕討論。台拱齒最少，每發一義，諸人莫不折服。嘉慶十年卒，年五十五。生平無他嗜好，唯聚書數萬卷及金石文字，日夕冥搜，而不務著述。卒後稿多零落，僅輯成論語駢枝一卷、儀禮傳注一卷、經傳小記三卷、荀子補注一卷、漢學拾遺一卷，及方言補校、淮南子補校、國語補校諸書。清史列傳六十八

劉履芬　字彥清，生於雲間，故號泖生。以同知直隸充蘇州書局提調。光緒五年，署嘉定縣事。性嗜書，遇善本必傾囊購之；其不能者，手自鈔錄，日課數十紙，終日伏案矻矻，未嘗釋卷。歿後書亦盡出。葉裕仁劉泖生莎廳課經第二圖後序

潘允端　字仲履，明上海人。嘉靖四十一年進士，以四川右布政移疾歸。好蓄書，有天然圖畫樓收藏書籍印、雲間潘氏仲履父圖書印諸朱記。藏書紀事詩三

潘介祉　字叔潤，吳縣人。有淵古樓藏書。所藏書有其名字朱記。丁氏藏書志

潘祖蔭　字伯寅，小字曰東鏞，吳縣人。咸豐壬子進士，官至工部尚書。光緒十六年卒，年六十一，諡文勤。閔爾昌碑傳集補四李慈銘潘文勤公墓誌銘所藏圖書金石之富，甲於吳下。其藏書印曰八求精舍、曰龍威洞天、曰分廛百宋迻架千元。癸未奉諱歸吳，延葉昌熾館於滂喜齋，盡窺帳

秘。每讀一書，輒爲解題，成滂喜齋讀書記二卷。藏書紀事詩六

潘際雲　字人龍，號春洲，清溧陽人。官霍山知縣。博通經史，長於考據，尤善詩古文辭。著有學海百卷、西夏備史、溧陽志、藏芸閣書目、春洲劄記、清芬堂文集、清芬堂古今體詩正續集。溧陽縣續志卷九

蔣乂　字德源，唐宜興人。官兵部郎中。性銳敏，過目不忘。博綜羣籍，有史才。時集賢殿書籍殽舛，乂助其父集賢殿學士蔣明整理，料次踰年，各以部分，得閱善本書二萬卷。乂束髮志學，老而不倦，雖甚寒暑不釋卷，故能通曉百家，尤明前代沿革。家藏書至萬五千卷。所著有大唐宰輔録七十卷、建中實録、凌烟功臣、秦府十八學士史臣等傳四十卷。宜興縣舊志卷八

蔣松　字春山，華亭人。諸生。藏書甚富。能文章。松江續志卷二十四

蔣杲　字子遵，號篁亭，清長洲人。康熙癸未進士，歷吏部郎中，出知廉州府。家有貯書樓，何焯嘗授經焉。藏書紀事詩四

蔣侯　字元康，清常熟人。博學工詩，好異書，從人借鈔，至老不休。著有詩學金湯一卷、彝門詩鈔、補過齋雜著一卷、襍説十二卷、續集二卷、墨誌、硯譜各一卷。常昭合志稿卷三十二藏書家

蔣升瀛　字步蟾，一字惠堂，又號采若，吳淞人。自幼厲志讀書，有聲庠序。辟鏡古齋，藏書多宋槧本。郡守蘇氏重刊魏公譚訓，稱壽松堂蔣氏宋本校刊者，即其所藏也。宋元舊本書經眼錄四書集注宋本

蔣宗海　字春巖，號春農，晚號歸求老人，丹徒人。乾隆壬申進士，官內閣中書。工詩，能篆刻，又善丹青。精鑒別，「有與商古籍者，則屈指數唐鐫宋槧某書某板闕某處，某家鑒藏某帖，如貫珠，如數家珍，問者各得其意以去，而春農雜以諧謔，初若不經意也」。翁方綱復初齋文集四蔣春農文集序藏書三萬餘卷，多善本。耆獻類徵卷四四〇劉台拱撰張若筠家傳

蔣重光　字子宣，號辛齋，長洲人。藏書甚富，乾隆三十八年詔開四庫館，徵四方書，時重光已歿，子曾瑩檢其所審定秘書百種進御，敕賜佩文韻府一部。蘇州府志卷八十九

蔣鳳藻　字香生，吳縣人。以貲郎官福甯知府。雅好觚翰，嗜書成癖。在閩納交周季貺，盡傳其目錄之學。閩垣未經兵燹，前明徐興公、謝在杭，及帶經堂陳氏遺書，流落人間者，鳳藻留心搜訪，多歸插架。季貺罣誤遣戍，鳳藻資以三千金，季貺盡以所藏精本歸之。遂蔚成大國。舊鈔本北堂書鈔，孫淵如、嚴鐵橋兩先生所手校，鳳藻築書鈔閣以儲之。延葉昌熾刊鐵花館仿宋本六種及心矩齋叢書。藏書紀事詩六

蔣繼軾　字蜀瞻，號西圃，清江都人。康熙癸巳進士，官編修，著韻綠堂集。江藩云：「吾鄉西圃

太史藏書萬卷，秘笈琳瑯，甲於天下。」江蘇詩徵卷一一四

鄭彤書　字偉士，清江甯人。由舉人考取太常博士，俸滿得同知分發浙江，借補嘉興通判。生平坦易無城府。好藏書，購至五萬卷，終日展玩，時人謂之吏隱。金陵通傳卷四十葉聲揚傳

鄭德懋　字應雲，清昭文張墅人。諸生。博學强記，雪鈔露纂，至老彌篤。居城東新巷，擁書萬卷，晚自稱悔道人。無子，年八十六卒。遺書散佚殆盡。常昭合志稿卷三十二藏書家

鄭觀光　字我生，明上元人。萬曆三十四年舉人。選蕪湖訓導。力學敦行，爲多士式。歸後草屋數楹，不改其舊，而縹緗充棟焉。金陵通傳卷二十一丁遂傳

十六畫

衞　湜　字正叔，宋吴郡人。寶慶二年官武進令時，表上所撰禮記集説一百六十卷於朝，得擢直秘閣。後終於朝散大夫，直寶謨閣，知袁州。四庫提要

葉適櫟齋藏書記，余友衞君湜清整而裕，淡泊而詳。酷嗜書，山聚林列，起櫟齋以藏之。夫其地有江湖曠逸之思，囿有花石奇詭之觀，居有臺館温凉之適，皆略不道，而獨以藏書言者，志在於學而不求安也。

錢　沅　字楚殷，清常熟人，曾子。鐵琴銅劍樓書目：「宋婺本尚書十三卷，吾邑錢楚殷藏本。

卷首鈐一圓印云，傳家一卷帝王書，其珍重如此！」

錢　曾　字遵王，號貫花道人，常熟人，裔肅子。述古堂藏書目自序：「余二十年來食不重味，衣不完采，摒當家資，悉藏典籍中，如蟲之負版，鼠之搬薑，甲乙部居，粗有條理……生平所嗜。宋槧本爲最。」其藏書處曰述古堂、曰也是園、曰莪匪樓。

錢　穀　字叔寶，吳縣人。少孤貧，游文徵明門下，日取架上書讀之，以其餘功點染水墨，得沈氏之法。葺懸罄室，讀書其中。聞有異書，雖病必强起匍匐請觀，手自鈔寫，幾於充棟，窮日夜校勘，至老不衰。列朝詩傳丁集中 其藏書印文云：「百計尋書志亦迂，愛護不異隨侯珠。有假不返遭神誅，子孫不寶真其愚。」愛日精廬藏書志畫上人集 又有十友齋、中吳錢氏收藏印。藏書紀事詩三

錢允治　字功甫，初名府，明吳縣人，穀子。有少室山人集。明詩綜小傳 老屋三間，藏書充棟，白晝檢書，必秉燭緣梯上下。所藏多人間罕見之本。讀書敏求記 歿無子，其遺書皆散去。蘇州府志卷八十錢穀傳

錢同愛　字孔周，別號野亭，明長洲人。性喜蓄書，每餠金懸購，所積甚富。諸經子史之外，山經地志、稗官小說無所不有，而亦無所不窺。家本溫厚，室廬靚深，嘉木秀野，足以游適。肆陳圖籍，時時招集奇勝滿座中，酒壺列前，棋局旁臨，握槊呼盧，憑陵翔擲，含醺賦詩，邈然

高寄，不知古人何如也。生成化乙未，卒嘉靖己酉，年七十五。文徵明甫田集卷三十三錢孔周墓誌銘

錢孔周喜蓄書，遇有所得，隨手劄記，積數巨帙，文先生極重之，寫贈碧梧高士圖。眉公筆記。

錢邦治　字孺安，明丹徒人。諸生。以古人爲師，日課史一卷，舉鄉飲介賓。年八十四卒。遺書數十櫝，皆手自丹黃。丹徒縣志三十二錢應婁傳

錢近仁　長洲人。先世居崑山。父母早喪，貧不能自存，寄食攻皮家，遂習其業。少長，與塾中兒遊，漸能識字。工作外，讀書日夜不輟。苦無書，乃遍歷書肆及古寺院爲之傭不取值，因得借觀羣書，積四五十年，凡經史子集九流百家，流覽幾遍。尤致力於孝經、論語，人稱之爲補履先生。性樸訥，不妄取一錢。所居老屋半間，貯書萬卷，無几榻鍋釜之屬。彭紹升、王元亮過之，歎爲沈士驎一流人物。乾隆壬子春，飢餓不能出户，諸生王丙迎至家，卧病百餘日而卒。無子。郡士大夫謀葬於虎丘西麓，巡撫汪志伊題其碣曰錢處士墓。蘇州府志卷八十九

錢孫保　字求赤，常熟人，謙貞子。能讀父書，校讎精審，日讀書，夜必記於卷尾曰某日讀若干頁，某日起某日竟，其勤如此。藏書處曰懷古堂。有錢求赤讀書記、彭城匪庵諸印。藏書紀事詩四

錢培名　常熟人，熙經子。官縣丞。熙祚刻守山閣叢書，世稱善本，培名又搜輯放佚以補其闕，爲小萬卷樓叢書，工未竣而洪楊亂作，僅刻成十七種，其中如越絕書、申鑒、中論、陸士衡集，均附札記，校勘頗精。藏書紀事詩四

錢陸燦　字爾弢，號湘靈、一號圓沙，常熟人。順治丁酉鄉試第二。晚居南山北麓，老屋三間，叢書兩板，臨街誦讀，聲出金石。海虞詩苑一其手校之書，每押以「明經別駕書經解元臨淵三十四彭祖九十七世」一印，又曰陸終彭祖後人。東湖叢記其藏書處曰東圃書堂、曰調運齋。鐵琴銅劍樓書目

錢熙祚　字雪枝，一字錫之，松江金山人，熙輔弟。敍選通判。好表章古今秘籍。嘗輯刊守山閣叢書及指海珠叢別錄、素問、靈樞凡數百種。阮元序其書，謂於人謂之有功，於己謂之有福。後以謁選，病歿京邸。松江府續志卷二十四

錢熙經　字心傳，金山人。候選訓導。多藏秘帙，從弟錫之輯守山閣叢書，時假校錄。張文虎舒藝室雜著乙下候選訓導錢君殯志

錢熙輔　字鼎卿，金山人。好沉默淵覽。晚歲嘗居郡垣谷陽門外別業，聚書益多，姚春木爲取韓退之語顏之曰勤有書堂張文虎孟彪覆瓿集勤有書堂賸稿序婦翁吳省蘭輯刊藝海珠塵至八集而止，熙輔續輯壬癸二集以竟其業。松江府續志卷二十四

錢熙載　字嘯樓，金山人。好藏書。松江府續志卷二十四

錢裔肅　字嗣美，常熟人。萬曆乙卯舉人。好聚書，書賈多挾策潛往。順治丙戌卒，年五十八。錢謙益有學集卷三一族孫嗣美墓誌銘

錢興祖　字孝修，號幔亭，常熟人。久館京師，晚歷邊徼，年踰五十以客死。海虞詩苑十其藏書之所曰在茲閣。

錢謙貞　字履之，常熟人。早謝舉子業，闢懷古堂以奉母。簾户静深，書籤錯列。年五十餘，遭世亂，坎壈不得志卒。列朝詩傳丁集下愛日精廬藏書志，李羣玉唐風集皆有錢履之讀書記，板心有竹深堂三字。

錢謙益　字受之，號牧齋，一號蒙叟，又號東澗，又號峨眉老衲、石渠舊史常熟人。明萬曆進士，官至禮部侍郎，入清授禮部右侍郎。早歲科名，交游滿天下，盡得劉子威、錢功父、楊五川、趙汝師四家書；更不惜重貲購古本，書賈奔赴捆載無虛日，用是所積充牣，幾埒内府。中年構拂水山房，鑿壁爲架，庋其中。晚歲居紅豆山莊，出所藏書，重加繕治，區分類聚，栖絳雲樓上，大櫝七十有三，顧之自喜曰：「我晚而貧，書則可云富矣！」甫十餘日，其幼女中夜與乳媪嬉。樓上，翦燭灺落紙堆中，遂燧。謙益樓下驚起，焰已張天不及救，倉皇出走，俄頃樓與書俱盡。曹溶絳雲樓書目題詞自謂：「甲申之亂，古今書史圖籍一大刼也。吾家庚寅之火，江左書史

圖籍一小劫也。」天禄琳琅宋本漢書跋

鮑桂生　字小山，清山陽人。道光己酉舉人，署貴州按察使，改山西，補雁平道。才華卓絶，下筆千言。嗜書，建藏書樓，購求圖籍凡數萬卷。山陽縣志卷十

十七畫

繆荃孫　字炎之，一字筱珊，晚號藝風，江陰人。光緒丙子進士。殫心著述，暇即日涉海王村書肆，搜訪異本，典衣購取。知交通假，鈔校考訂，日益博通。乙未主江寧鐘山書院，課士之暇，一意刻書，日事校勘。金陵爲東南都會，故家藏庋，時時散出蘇滬密邇，估客奔輳，所收舊籍金石書畫乃益富。尋辦江南圖書館事，時江浙藏書家常熟瞿氏、歸安陸氏、錢塘丁氏，號爲鼎足，陸氏書爲日本購去，而丁氏亦中落，時論頗懼蹈陸氏覆轍，流落外邦；急赴浙與議，以七萬金購善本書室所藏，益之捐購之本，至今海内各省圖書館美富以江南爲冠。宣統二年，任京師圖書館正監督，時圖書館猶未建，以城北積水潭廣化寺爲儲書之所，分類清理書籍，内閣大庫檢出元明舊帙，其中宋本猶爲元師平宋時由臨安秘閣所收，一鱗片甲有自來藏書家所未覩者，集刻爲宋元本留真譜，牒文、牌子、序跋述源流者均著之，加考一篇。又編本館善本書目八卷，各省志書目四卷。辛亥易祚，卜居滬上，杜門不出，惟以書籍遣日。甲寅清史館

開，趙爾巽延任總纂，撰儒林、文苑、孝友、隱逸及土司、明遺臣諸傳。酷嗜金石，所編收藏目錄凡一萬一千八百餘種，藏本之富，爲前此金石家所未有。自編藏書記，欿然謂限於力，僅可與陽湖孫氏五松園相頡頏。續記及再續記較初編數且過之。所校刻古書，詳溯源委，剖析異同，具載於序跋。己未十一月卒於上海，年七十六。其著述已刻者藝風堂文集八卷、續集八卷、辛壬稿三卷、乙丁稿五卷、金石目十八卷、讀書記四卷、藏書記八卷、續藏書記八卷、遼文存六卷、續國朝碑傳集八十六卷、常州詞錄二十一卷、孔北海、魏文靖、韓致堯、李忠毅年譜各一卷。未刻者詩存四卷、詞一卷、尺牘二卷、金石分地錄二十四卷、再續藏書記不分卷、碑傳集補遺十四卷、秦淮廣紀十二卷、代端陶齋撰壬寅消夏錄若干卷。所編刻叢書雲自在龕叢書五集共十九種、對雨樓叢書五卷、藕香零拾三十八種、煙畫東堂小品十二種。身後未十年，藏書已散。碑傳集補卷九夏孫桐繆藝風先生行狀

韓　崇　字履卿，號南陽學子，清元和人。家有寶鐵齋、寶鼎山房，金石圖書充牣，儲藏秘本甚多。有南陽學子韓崇校讀等印。碑傳集補卷五葉昌熾邕亭汪公墓誌銘，丁氏藏書志

薛玉堂　字又洲，清無錫人。乾隆六十年進士，歷官慶陽知府。以疾歸，載書數千卷，閉關却掃，足跡不入城市。年七十九卒。無錫金匱縣志卷二十二

十八畫

戴　淙　榜姓劉，字稼梅，清常熟人。康熙辛酉舉人。少負才名，家有白醉樓，圖書彝鼎充牣錯列，四方名士過者輒盤桓不忍去。詩以晚唐爲宗，見賞於吴梅村。嘗北遊燕趙，南涉楚粤。卒以客死。著過雲集、白醉樓集。常昭合志稿卷三十

魏永吉　字羽父，清江都人。家貧嗜學，不屑屑於舉子業。日於書肆搜括古人遺籍，得其斷簡殘編亦不忍捨去，無錢則解衣質以歸，積之成全書者充棟。其搜擇經史、諸子、説部手録者凡十尺有奇。四方徵文獻者咸取資焉。著有留補集經解十二卷、白鶴山房詩古文鈔二十卷。江都縣志卷二十三

顔　鑄　字懋明，嘉定人。增生。居西門外，與弟鑟並工詩。家有藏書數千卷，兄弟自相師友。嘉定縣志卷十中

閻起山　字秀卿，蘇州人。喜積書，見書必力購。家惟一童，日走從友人家借所未讀書，手鈔口吟，窮日夜不休。所獲學俸，盡費爲書資。家甚貧，或時不能炊，至質衣以食。而玩其書不忍棄，竟以積勞得羸疾，正德丁卯卒，年二十四。文徵明甫田集二九閻起山墓誌銘

歸有光　字熙甫，號震川，明崑山人。嘉靖四十四年進士，授長興知縣。隆慶四年，大學士高

拱、趙貞吉引爲南京太僕丞。明史卷二八七妻王氏，其家故有世美堂，以逋官物鬻於人，有光贖得之。王夫人以有光好書，故家有零落篇牘輒令里媼訪求，遂置書無慮數千卷。震川集世美堂後記王夫人藏書有朱文方印曰世美堂印；又有長方朱文印曰魏國文正公二十二代女；及世美堂琅玡王氏珍玩、一往情深諸朱記。藏書紀事詩三

瞿　鏞　字子雍，清常熟人。歲貢生。居菰里村，父紹基好購書，收藏多宋元善本。鏞承先志益肆力搜討。常邑自絳雲、汲古以至愛日、稽瑞，二百餘年間儲藏家代不乏人。鏞所著鐵琴銅劍樓書目，既博且精，足爲後勁。蘇州府志卷一百〇二

瞿中溶　字萇生，號木夫，清嘉定人。諸生。官河南布政司理問。博覽羣書，尤深於金石之學，收藏甚富。以末秩宦湘中，搜訪石刻，足跡偏於窮鄉。海內之嗜金石者多與之交，馳書商析，幾無虛日。晚晴簃詩匯卷百十五

瞿紹基　字蔭棠，常熟人。以明經選授廣文，一試職卽歸隱。讀書樂道，廣購四部，旁搜金石，歷十年，積書十萬卷，昕夕窮覽。嘗繪檢書圖以寓志。時城中稽瑞、愛日兩家競事儲藏，先後廢散。紹基復遴其宋元善本爲世珍者拔十之五，增置插架，自是恬裕齋藏書遂甲吳中。黃廷鑑恬裕齋藏書記

瞿秉淵　字敬之，清常熟人，鏞子。咸豐庚申之亂，與弟秉濬（字性之）載家藏書東西奔避，

寇退始載書回里。嘗屬葉昌熾爲補輯鐵琴銅劍樓書目，與談晁陳之學，相得甚懽。藏書紀事詩六

十九畫

龐　泓　字復初，號玉泉，清常熟人。諸生。好聚書，構步雲樓，插架踰萬卷，日夜誦讀。得善本，必手自校勘。並收唐宋碑帖，輯步雲樓書目。工詩文，有輯翠山房稿。所藏書有海虞龐氏收藏圖書朱記。意主供讀，不以市名，故子孫分守之，而世鮮知者。常昭合志稿卷三十二藏書家

龐清標　字柏軒，清常熟人。父泓多藏書，清標復益數千卷，傳至文恪，遭粵寇，乃盡散。常昭合志稿三二龐泓傳

羅　鳳　字汝文，一字印岡，號箾翁，明上元人。水軍右衞籍。宏治丙辰進士，官南道御史，出守兗州府，改鎮遠，復改石阡知府。致仕歸，開延休堂以宴客，建芳瀾閣以儲書。博雅好古，所蓄法書及名畫金石遺刻數千餘種。工詩，老筆尤勁。著有延休堂漫録五十卷、金陵詩徵卷十六金陵羅氏書目四卷。千頃堂書目

羅震亨　字雨田，清江甯人。嗜古好學，始從寶應成榕遊，究心義理之學。復學古文於同里汪

士鐸、江夏張裕釗，得其義法。每日黎明即起，三更始寢，寒暑無間。稍釋卷如有所失。卒年三十五。著有讀經正録、服膺録、正蒙課例録、簣進録、五子要例、閨門必讀、有不爲齋詩文集、奥書堂書目。續金陵詩徵卷首

譚應明　字公亮，常熟人。伉爽傲物。好購書，多鈔本。客至鄭重出示。錢謙益有學集卷四六跋真誥

譚應徵　字公度，常熟人。生長紈綺而喜蓄書。有學集四六跋真誥所藏書有譚應徵印、公度臣徵諸朱記。

二十畫

嚴　蔚　字豹文，吴江人。其二酉齋中所藏多舊籍。丁氏藏書志

嚴　觀　字述齋，一字子進，清江甯人。嗜學。父長明築歸求草堂，藏書二萬卷，觀丹黄幾滿。著江甯金石記。清史稿文苑二嚴長明傳

嚴長明　字冬友，一字道甫，清江甯人。乾隆二十七年南巡，以諸生獻賦，召試，賜舉人。授內閣中書，直軍機處。乞病歸，築室三楹，曰歸求草堂，藏書二萬卷，金石文字三千卷。日吟哦其中。著書凡二十種，乾隆五十二年卒，年五十七。先正事略卷四十二

蘇頌　字子容，宋南安人，徙居丹徒。慶曆二年進士，官至右僕射兼中書門下侍郎，累爵趙郡公。宋史本傳

四庫提要建中靖國元年卒，年八十二。嘉定鎮江志，蘇丞相頌家藏書萬卷，秘閣所傳者居多。頌自維揚拜中太一宮使歸鄉里，是時葉夢得爲丹徒尉，頗許其假借傳寫。夢得每對士大夫言親炙之幸。

呂祖謙入越記，蘇仁仲子容丞相孫。出舊書數種，管子後子容手書紙尾云，惟蘇氏世宦學以儒，何以遺後，其惟此書，非學何立？非書何習？終以不倦，聖賢可及。

蘇淵　字眉聲，一字或齋，嘉定人。順治壬辰登會試副榜，選碭山教諭。晚由淐浦徙南城濤閣，植松畜鶴，擁書萬卷。吟誦不輟，尤深於易學。康熙癸丑預修縣志。卒年七十餘。嘉定縣志卷十九

二十一畫

顧沅　字湘舟，清吳縣人。所居辟疆園，收藏舊籍及金石文字甲於三吳。錢泰吉可讀書齋詩集所藏書有古吳武陵叔子湘舟珍藏印、武陵懷古書屋收藏、顧沅湘舟氏諸印。持靜齋書目楊鐘羲謂：「顧湘舟藝海樓藏書不及四庫六百餘種，而四庫未收者二千餘種，亦吳下嗜古之巨擘也。」雪橋詩話三集十一庚申之刼其所藏盡爲豐順丁雨生梱載以去。持靜齋書目所著錄，多其家書也。

藏書紀事詩六

顧　苓　字芸美，長洲人。潛心篆隸，凡金石碑版及鼎彝欵識蟲魚科斗之書，皆能誦之。蘇州府志卷八十八居虎邱塔影園，顏其居曰雲陽草堂。所藏鈔書有塔影園客朱記。藏書紀事詩四

顧　宸　字修遠，無錫人。崇禎十二年舉人。操文場選柄數十年。每辟彊園新本出，一懸書林，不脛而徧海內。好藏書，插架充棟，後厄於火。嘗注杜詩，補輯宋文三十卷，皆東萊文鑑所未及。爲詩文以豐蔚典瞻稱。無錫金匱縣志卷二十二

顧　琨　字孝柔，明常熟人。喜藏書。所著寸交集，皆言情之作。海虞詩苑卷二鐵琴銅劍樓書目，李文公集卷首有顧孝柔懷烟閣讀書記朱印。

顧　湄　字伊人，太倉人。得宋刻蘇長公所書陶淵明集，因顏其讀書處曰陶廬。錢謙益爲之記。讀書敏求記陶淵明集

顧　楗　字肇聲，長洲人。官鹽山令，改浦城。葉昌熾在海寧查翼甫處見舊鈔翠寒集，每葉欄外有善耕顧氏文房六字，前有顧肇聲讀書記。藏書紀事詩四

顧　瑮　字英玉，明吳縣人。璘從弟。歷官河南副使。罷歸，囊橐蕭然，無以給昕夕。臨街一小樓，扁曰寒松，訓蒙童數人以自給。嘗絕糧，璘餽以斗粟，不受。霍韜爲南宗伯，以廢寺田

百畝資之，堅拒不納。列朝詩傳丙出宦日所得書，貨以給日用，躬疊册門左，顏無怍色。愛日精廬藏書志

顧磐　字子安，明通州人。正德癸酉舉人。藏書萬卷。詩文有氣骨，尚體裁。江南通志卷百六十六

顧璘　字華玉，明吳縣人。宏治丙辰進士，官至南京刑部尚書。明史文苑傳所著有浮湘集四卷、山中集四卷、憑几集五卷、續集二卷、息園存稿詩十四卷、文九卷、緩慟集一卷、四庫提要顧尚書書目六卷。千頃堂書目簿錄類

顧韡　字開林，號河濆漁人，長洲人。性好書，甚於飢渴飲食。其有裨於身心家國天下之務，足備一代之文獻者，耳目所及，輒展轉窮搜之，必購得爲快。或書袠重及未板行而隱秘者，求之益力。得之則狂喜，神色飛動。或力有所不能得，則自手鈔寫，窮日夜可盡百十紙。夜嘗不寐，寐亦只盡數刻，而張燈披衣，往往達旦。手不釋卷，不停鈔，自以爲愉快極，雖老至不知也。凡鈔閱校讐，精審不訛一字。稍涉疑義則盡記之，舉其辭問晰乃已。彭士望長洲舊文學顧君生壙誌

顧之逵　字抱沖，元和人。廩貢生。好讀書，其藏書處曰小讀書堆。嘉慶丁巳卒，年四十五。瞿中溶輓之詩云：「嗟嗟顧君好讀書，百萬牙籤皆玉軸。宋刊元印與明鈔，插架堆牀娛心目。

一握書論一斛珠，購來手自三薰沐。黄金散盡爲收書，秘本時時出老屋。」……著有一瓻録。藏書紀事詩五

顧士榮　字文甯，梅里人。工詩，與王應奎同訂海虞詩苑。其曝書有感詩云：「破損感年深，校閱憐毫禿。不惜傾囊購，不辭胼手録。誇人未全負，堆床尚連屋。世縁已漸忘，愛此猶骨肉。」其癖好可想！所藏有臣榮之印諸朱記。常昭合志稿三二藏書家

顧仁效　明長洲人。結廬陽山之下，棄去舉子業，獨好吟咏，兼工繪事。坐對陽山，拄頰搜句，日不厭；或起作人物，悠然自得，人無知者。王鏊王文恪集十七陽山草堂記所藏書有静學文房之印、天禄琳琅有長洲顧仁效水東館考藏圖籍私印。楹書隅録

顧天埈　字升伯，明崑山人。萬曆壬辰進士，授編修，掌記注，管理制敕，從容敏辨。以左諭德致仕。天埈敏秀通理，讀書都於無味外得想。初與王肯堂爲沈博絶麗之文，力務獨詣。謝歸後，門館清寂，丹黄卷籍至萬餘。歌詠自得，味道以老。江南通志卷一六五

顧元慶　字大有，學者稱大石先生，明長洲人。兄弟多纖嗇治産，元慶獨以書史自娱。自經史以至叢説多所纂述。所居顧家青山在大石山左麓，山中有勝蹟八，自爲之記，名其堂曰，夷白，藏書萬卷。擇其善本刻之，署曰陽山顧氏文房。蘇州府志卷八十六

顧秉源　字潤齋，南匯人。監生。少有神童目，長益探討經史。購藏書萬卷，人擬之小瑯嬛。松

江府續志卷二四

顧若霖　字雨時，號不淄道人，吳縣人。喜蓄異書，手自讐勘。士禮居藏書題跋記 博學多聞，搜訪法書名畫、宋刊書籍，藏古之名，聞於吳郡。子自名，字明善，號復庵，能繼其業。陸恭越州石氏帖跋 有武陵懷古書屋收藏印記、顧若霖印、雨時樂幽居士各印。楹書隅録舊鈔本說文韻補

顧貞觀　字遠平，清無錫人。康熙十一年舉人，官內閣中書。美風儀，才調清麗，文兼衆體。能詩，尤工樂府，少與吳兆騫齊名。晚歲移疾歸，構積書巖，坐擁萬卷。臨歿時，自選詩一卷授門人杜詔，不滿四十篇。其嗜古淡不自足如此！所作彈指詞聲傳海外，與陳維崧、朱彝尊稱詞家三絕云。他著有纑塘積書岩等集。清史列傳卷七十吳兆騫傳

顧起經　字長濟，更字光緯，號羅浮外史，明無錫人。以國子生謁選，授廣東鹽課副提舉。藏書甚富。無錫金匱縣志卷二十二

顧從義　字汝和，明上海人，從禮弟。善書能詩，嘉靖庚戌詔選端行善書，從義名第五，授中書舍人。隆慶初擢大理評事。家居構玉泓館，手摹宋本淳化帖。有研山山人詩稿行世。松江府志卷五十二 鐵琴銅劍樓書目，春秋胡傳有顧從義朱印。

顧從德　字汝修，明上海人，從禮弟。嚴元照書春秋張氏集傳後，每册有顧汝修印。藏書紀事詩三

顧從禮　字汝由，明上海人。工書。夏言入閣，值世宗狩承天，以從禮薦，歷官光祿寺少卿。松江府志五十二　天祿琳琅，新刊唐柳先生文集，顧從義藏，有武陵郡圖書記長印，又有子先之印。

顧階升　字步巖，長洲人。家故素封，獨無所慕，惟以圖籍法書名畫自娛。樂書齋之內，縹緗插架者萬餘卷。遇一編實能挹其精華，並識其刊刻鈔錄收藏所自。年五十一卒。何堂顧步巖傳

顧夢川　字禹祥，明崐山人，侍郎潛之子。性磊落，好讀書。父遺書萬卷，夢川取大白置兩楹間，客至則泆之，抽架上書相與揚搉古今，考訂誤謬，焚膏繼晷不少倦。晚棲心元理，寄興淡泊以終。江南通志一六五

顧嗣立　字俠君，清長洲人。康熙壬辰進士。博觀書畫，旁搜碑碣，輯元詩選四集。家有秀野堂，藏書甚富。曝書亭集六六秀野堂記　有俠君圖記、閭丘小圃、秀野草堂、顧氏藏書印諸朱記。

顧道隆　明長洲人。有名於時。藏書萬餘卷。與祝允明、文徵明父子爲文字交。有學集三二顧君升墓誌銘

顧德育　字克承，號可求，明吳縣人。家貧好學，手錄幾數千卷。蘇州府志卷八七顧祖辰其藏書處曰

安雅堂。 式古堂書畫考

顧德輝　字仲瑛，元崑山人。家世素封，輕財結客，豪宕自喜。年三十，始折節讀書，購古書、名畫、鼎彝、秘玩，築別業於茜涇西，曰玉山佳處，四方文學士河東張翥、會稽楊維楨、天台柯九思、永嘉李孝光、方外士張雨、于彥、成琦、元璞輩，咸主其家。園亭池榭之勝，圖史之富，並冠絕一時。自號金粟道人，洪武二年卒。 明史卷二八五

顧廣圻　字千里，號澗蘋，又號思適居士，元和人。喜校書，皆有依據，絕無鑿空。其持論謂凡天下書皆當以不校校之。 百宋一廛賦注 論古書舛謬處，細若毛髮，棼如亂絲，一經剖析，割然心開而目明。道光十九年卒，年七十。 李兆洛養一齋集卷十一顧君墓誌銘 其藏書處曰思適齋，藏書記曰一雲散人，又有陳黃門侍郎三十五代孫一印。

顧應昌　字殿舍，號桐井，又號五癡，長洲人，階升子。士禮居藏書題跋記白氏文集跋：「東城顧五癡家藏書甚富。知余好之篤，雖一鱗片甲，亦自侈爲奇寶。因出破書一束指示余曰：『此絳雲餘燼也。』余開卷知是宋刻白氏文集，述古堂中物也。卷中燒痕尚在，通册又似經水溼。天下奇書何其厄於水火之甚耶！」

顧錫祉　字景繁，號竹樓，清崑山人。國學生。性素磊落，雅喜名人書畫。不惜善價購之。家有庫書樓，藏弆充棟。並儲其先祖亭林所輯書籍，尤多鈔本未刊遺著。 崑新兩縣續修合志卷三

十二

二十二畫

龔時煥　字德明，明崑山人。砥行安貧，好讀書，搜訪遺帙，手抄口誦，室隘不暇筐篋，則架薄板爲複壁貯之。摘刺朱黃，編無餘素。有從之問難者，原委顛末如數甲乙。崑新兩縣續修合志卷廿六